ねんドル岡田ひとみの

はじめてのねんど

子どもとつくる年中行事

■はじめに

子どもたちが大好きなねんど。
「でも折り紙や絵と違って
どうサポートしたらいいのか
わからない……」
そんな先生やお母さんのために
3歳から楽しく作れる
かわいい作品レシピを考えました。
かんたんなものからスタートして
「自分でもできるんだ！」とわかれば
教えなくても子どもは
どんどんと作品の幅を
広げていくことでしょう。
この本が、そんな自主性を育む
「はじめの一歩」を踏み出す
手助けとなれたら嬉しいです。

ねんドル 岡田ひとみ

すずき出版

4月 わくわく入園＆進級

■ぼうし・バッグ・さくら

手作りバッグと大きめのぼうしを、やわらかな春の風が揺らします。
新しい友だちできるかな？　春はときめきがいっぱいです。

▶作り方は 26 ページ

Hitomi's アドバイス

ぼうしの中心で線を交差させて引くのは難しいもの。
まずは線なしで作りましょう。
バッグのポケットは薄く、持ち手は細く作るとバランスがよくなります。

ねんど遊びの KIHON

- ねんどに汚れが混ざらないよう、さわる前に手を洗いましょう。手に絵の具がついたら水で洗い流します。作っている途中は、おしぼりがあると便利です。
- ねんどでなにか作るときは、まずはこねてやわらかくしましょう。なめらかになり、あつかいやすくなります。
- 白いねんどに絵の具を混ぜれば、どんな色でも作れます。使う絵の具はほんの少しで大丈夫。子どもが直接絵の具をつけると出しすぎてしまうので、パレットに絵の具を出し、筆やつまようじを添えておくといいでしょう。
- 白いねんどに青をほんの少し混ぜれば水色、たっぷり混ぜれば青というように、絵の具の量によって色も変わります。11 ページを参考に、いろいろな色を作ってみましょう。

使うもの

よく使うもの

軽量ねんど（白）

水彩絵の具

木工用ボンド

作品によって使うもの

はさみ

油性ペン

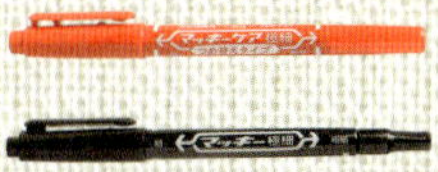

ねんどべら

つまようじ

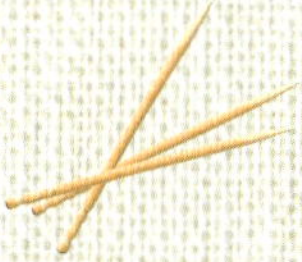

歯ブラシ

ストロー

セロハンテープ

画用紙・折り紙

ビーズ

ひも・リボン

タオル

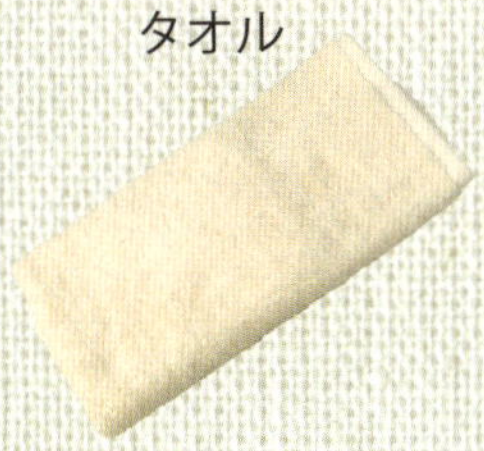

かご

空き箱

5月 こどもの日がやってきた!

■こいのぼり・くも・お母さん・お花

青い空を気持ちよさそうに泳ぐこいのぼりは、なにを考えているのかな？
ふわふわのくもに乗って、私も空を飛べたらいいな。

▶作り方は 28 ページ

Hitomi's アドバイス

ポールと矢車を紙などで作り、ねんどのこいのぼりと組み合わせてもいいでしょう。
うろこや目をペンで描くときは、作品が乾いて固まってからにしましょう。

ねんドルテクニック①

丸める

円を描くように転がして丸めます。両手ではさんで転がしたり、台に置いて転がしたりしてみましょう。

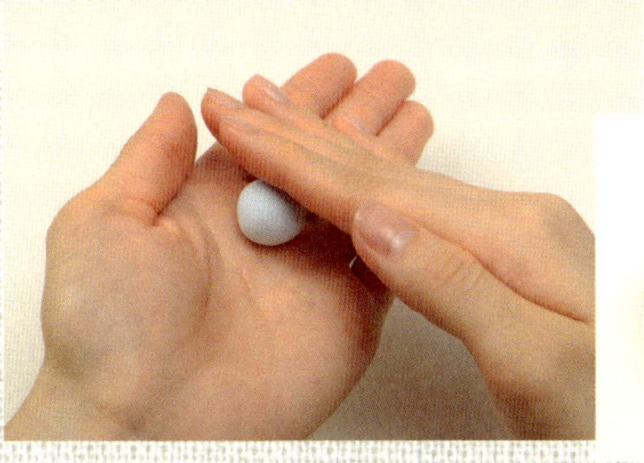

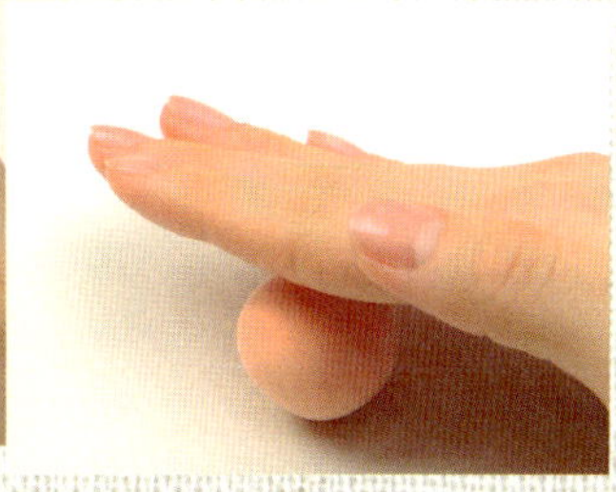

細長くする

丸めたねんどを台に置き、前後にコロコロ転がしていくと、だんだん細長くなっていきます。

つぶす

ねんどを平たくつぶすときは、つぶした後ひっくり返すと、キレイな面が上になります。

分ける

半分に分けるときは、細長くしてからまん中で切り分けるとかんたん！
分けた後はそれぞれを同じように丸めて並べ、大きさを比べましょう。

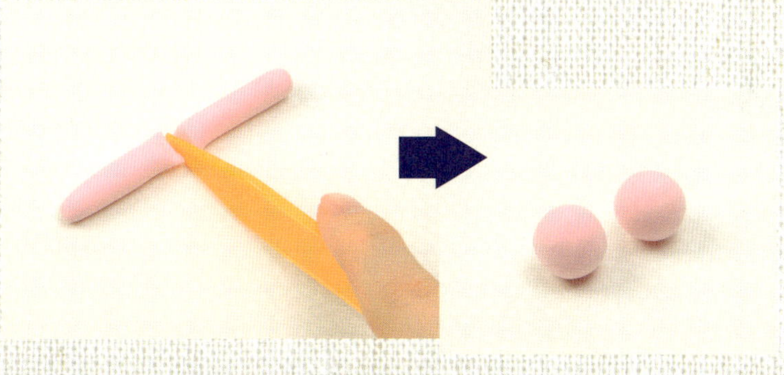

アイデアいろいろ

モビールを作ってみよう！

ワイヤーや竹ひごに糸を結び、作った作品を下げましょう。
指で支えてバランスを見ながら、糸の位置を決めていきます。

6月 カエルがよろこぶ雨の季節

■長ぐつ・てるてるぼうず・お父さん・ネクタイ

お気に入りの長ぐつで、水たまりをチャプチャプチャプ。
てるてるぼうずに願いをかけて、あした天気にな〜れ！

▶作り方は 30 ページ

Hitomi's アドバイス

髪型やめがね、アクセサリーで個性を出し、「お母さん」のレシピで「お父さん」も作ってみましょう。自分の顔も作ってみたり……似顔絵ならぬ、“似顔ねんど”はいかがでしょうか。

ねんドルテクニック②

くっつける

やわらかいうちはねんどどうしがくっつきます。細かい部分は乾燥後取れやすいので、ボンドを使って接着しましょう。大きめの作品はつまようじなどをさして固定してもいいでしょう。

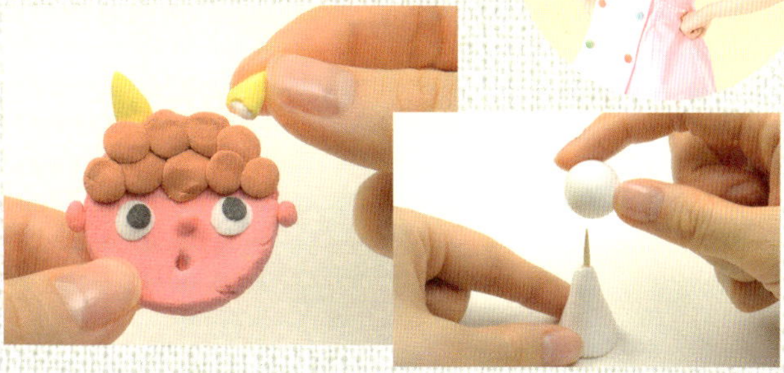

ねじる

ねんどが乾燥しているとすぐに切れてしまうので、水を混ぜてやわらかくするといいでしょう。

四角にする

ねんどをかるくつぶしてから、へらで切って四角にします。形がくずれたら、へらを押しあてて形を整えましょう。

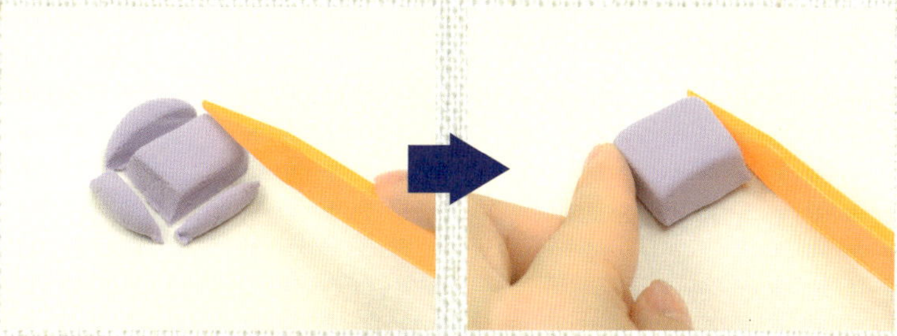

目を作る

黒のねんどを丸めて作ってもいいですが、ビーズを埋め込んだり、乾燥してから黒いペンで描いたりした方がかんたんにできます。

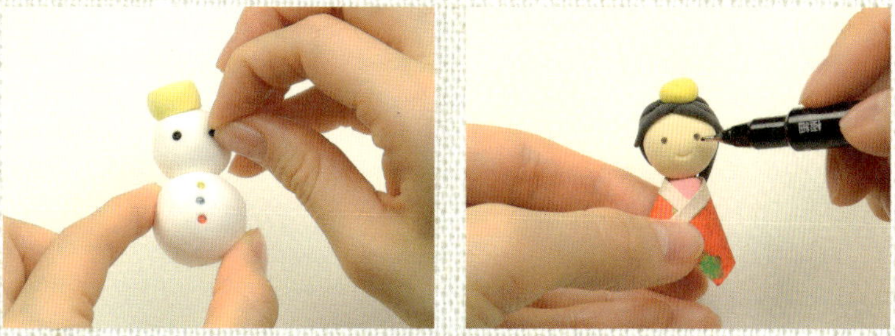

- ●ねんどが固くなってきたら……軽量ねんどはあつかいやすいですが、乾くのも早いです。作業中に作り変えたくなったら、水を混ぜてやわらかくするといいでしょう。また表面にヒビが入ってきて気になったら、少し水をつけてなでるとなめらかになります。
- ●ねんどの袋を開けたら……使わない分はラップに包んだり、ビニールに入れたりして、なるべく空気に触れないようにしましょう。うまく保管すれば数カ月使えます。
- ●作品ができたら……１日乾燥させると固まり、ほとんど壊れることはありません。大切に飾りましょう。

7月 天の川に願いをかけて…

■アイスクリーム・おりひめとひこぼし

年に一度の大切な日に、おりひめとひこぼしは無事に会えるかしら。
ロマンティックな夏の夜に、空を見上げて願いを込めて……。

▶作り方は 32 ページ

Hitomi's アドバイス

コーンにぴったりはまる大きさにアイスを丸めれば、取りはずしができ、いろいろな味に交換できます。乳幼児の誤飲が心配なときは、ボンドでしっかり貼りつけましょう。

ねんドルテクニック③

切る

やわらかいねんどは、いろいろなもので切ることができます。へらや糸なら小さなお子さんでも安心です。

へらで切る

子どもでもあつかいやすいですが、高さのあるものはつぶれやすいです。

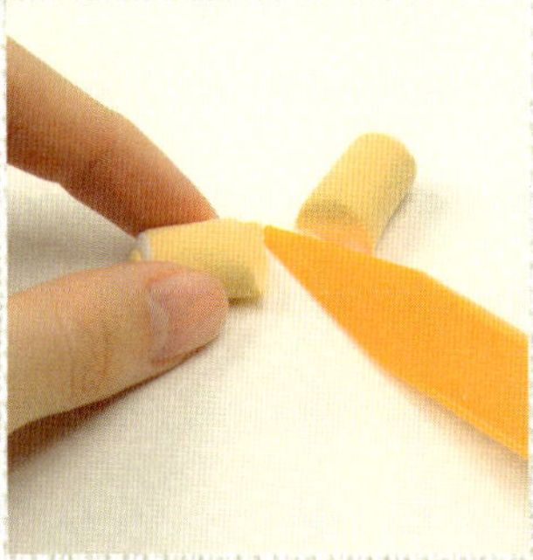

糸で切る

やわらかいねんどを糸で切ると、切り口がきれいになります。

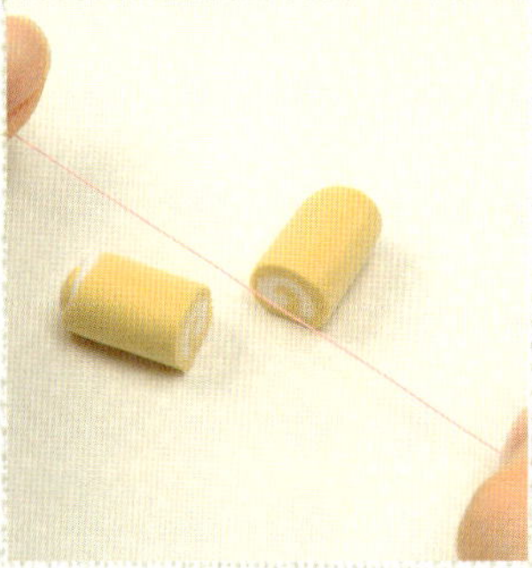

カードで切る

紙やプラスチックの薄いカードを使うと、カッターのようにきれいに切れます。

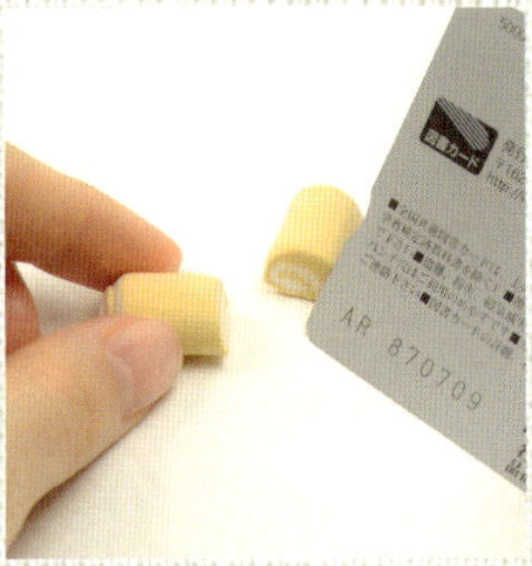

はさみで切る

ねんどが乾燥した後でも切ることができます。

アイデアいろいろ

ペンダントトップを作ろう！

作品が乾燥する前にクリップをさし、
ひもやリボンを通せば
ステキなペンダントに！
力がかかると壊れやすいので、
ゆっくりとやさしく
さし込みましょう。

8月 元気に遊ぼう夏休み

■すいか・ひまわり・ヨーヨー

お祭りに海にバーベキュー……、夏はドキドキすることがいっぱい！
大切な夏休みの思い出を、ねんどで作って大事にしてね。

▶作り方は 34 ページ

Hitomi's アドバイス

ヨーヨーは、たくさん作って実際の屋台のようにヨーヨーつりをしても楽しいですね。
ひまわりは５月で作った花のように、茎をつけてもステキです。乾燥してから花の裏側にテープでとめましょう。

ねんドルテクニック④

色の調整

同じ色の絵の具でも、量を調節することで、
さまざまな色のねんどを作ることができます。

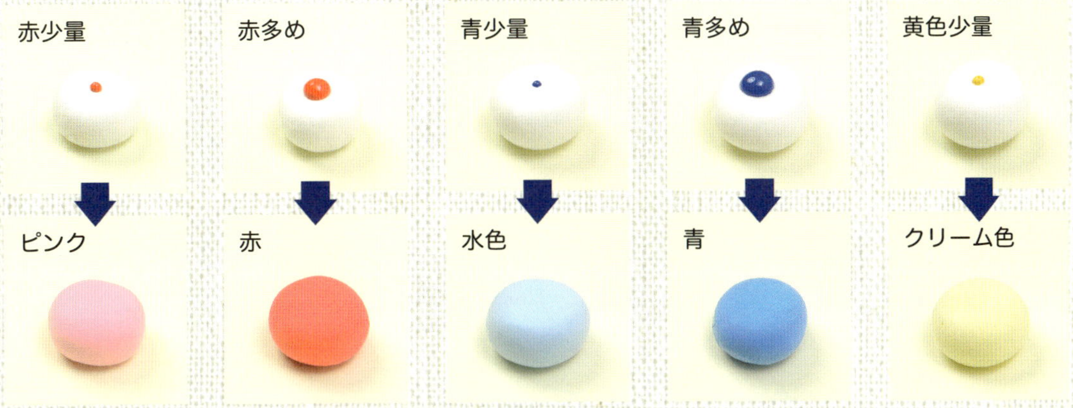

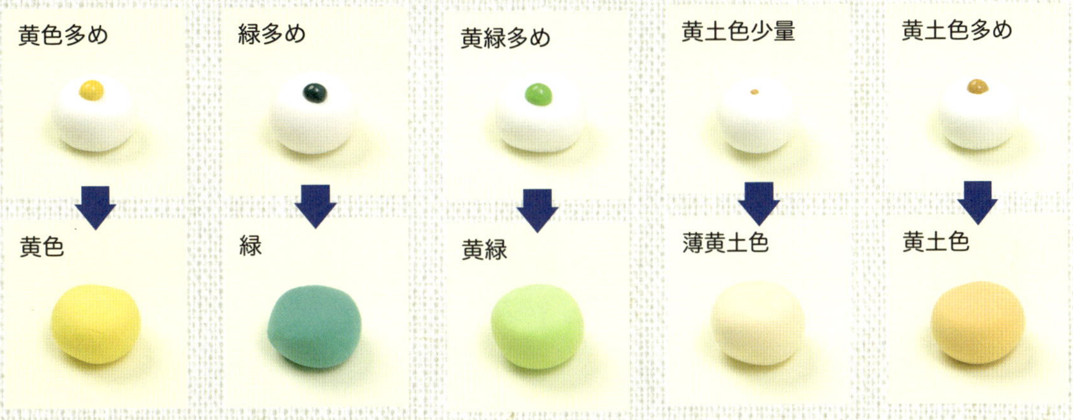

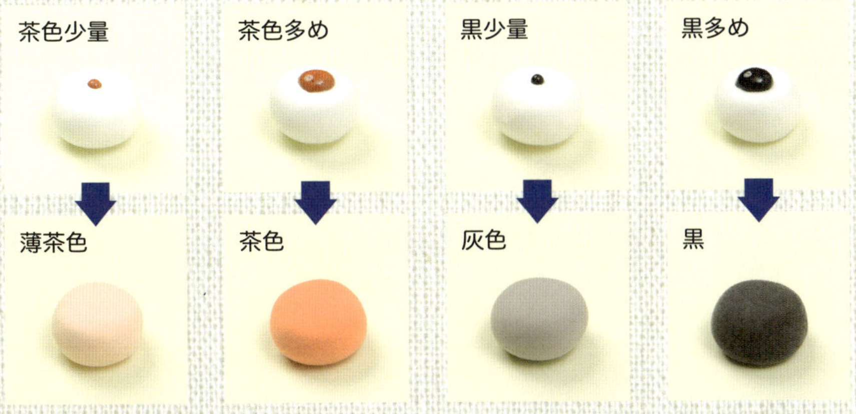

9月 おじいちゃん おばあちゃん ありがとう！

■三色だんご・おせんべい・おまんじゅう

大好きなおじいちゃん、おばあちゃんに、感謝の気持ちを伝える敬老の日。一生懸命作った作品を、プレゼントしてみてはいかが？

▶作り方は 36 ページ

Hitomi's アドバイス

和菓子は作り方や質感がねんどと似ているので、作品の題材にぴったりです。
三色だんごを串ざしにするのが難しいときは、ねんどどうしをくっつけてから、片方の端だけようじをさしましょう。

ねんドルテクニック⑤

色の配合

２色以上の色を混ぜることで、作れる色は無限に広がります。

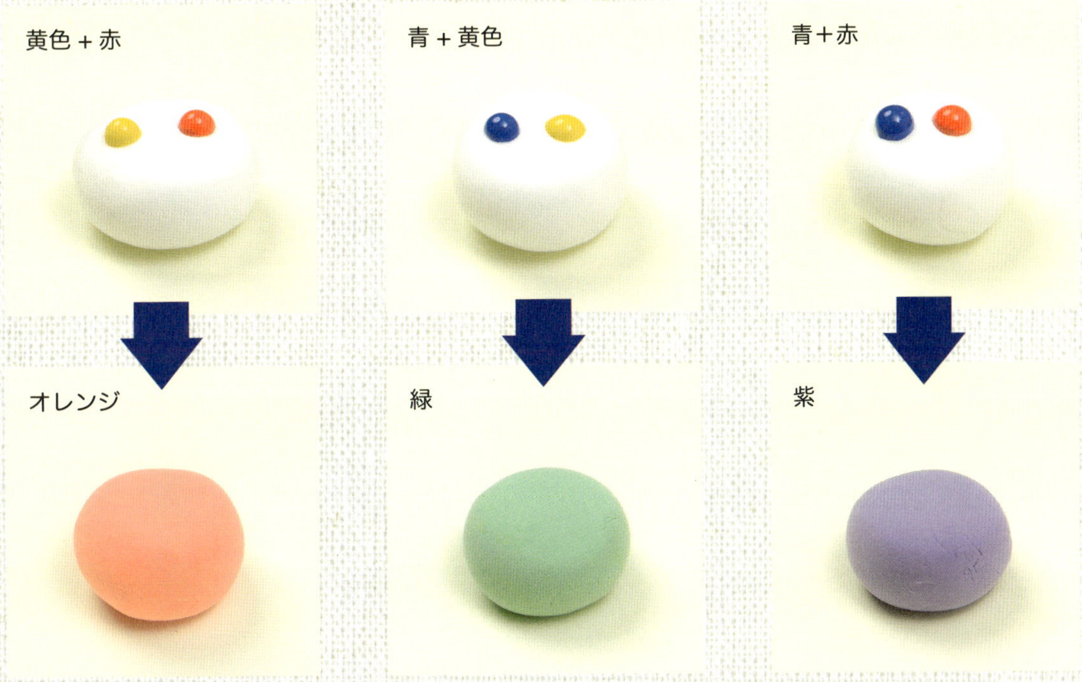

アイデアいろいろ

おじいちゃん、おばあちゃんにメッセージカードを贈ろう！

画用紙や折り紙を使って、メッセージカードを作りましょう。作品は乾燥してから貼らないと、紙がよれてしまうので気をつけて。

10月 お弁当持って出かけよう！

■おにぎり・ウィンナー・いんげん・たまごやき・ミニトマト

旅行、遠足、運動会……、この季節に欠かせないのがお弁当！
ふっくらおにぎり、クルクルたまごやき、それに愛情たっぷり詰め込んで！

▶作り方は 38 ページ

Hitomi's
アドバイス

おにぎりを俵形にしたり、ウィンナーの形をタコにしたり、おかずを替えたりしても楽しいですね♪
おうちの方に作品と同じお弁当を作ってもらえば、子どもたちも大よろこびです！

ねんドルテクニック⑥

模様をつける

身のまわりにあるものを、ねんどに押しあてみましょう。どんな模様ができるかな？

11月 芸術よりも食欲の秋

■やきいも・くり・ぶどう

おいしいものがたっくさん！　ホクホクやきいも、コロコロのくり、
きれいなぶどうを見ていたら……、「グゥ～」おなかがなっちゃった！

▶作り方は 40 ページ

Hitomi's アドバイス

質感が本物そっくりなやきいもは、パカッと割った
とき誰もが感動するでしょう。
新聞などで巻いて演出すると、より雰囲気が出ます。

ねんドルテクニック⑦

本物そっくりに作ってみよう ー落ち葉ー

公園や庭で見つけたものを観察して作ってみましょう。花や木、土など
自然のものに色を近づけるのは難しい！
いくつもの絵の具を混ぜ、色の不思議を楽しんで。

❶ 好きな葉っぱを拾ってくる。

❷ 葉っぱの色を作る。

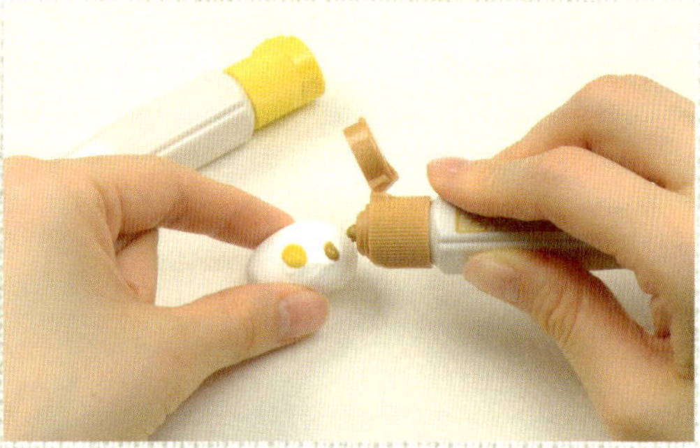

❸ 葉っぱを押しあて模様をつける。

❹ まわりをへらで切る。

アイデアいろいろ

オリジナルバッチを作ろう！

できあがった作品を、ボンドでバッチに
貼りつけてみましょう。
マグネットにつけて、冷蔵庫などに飾っ
てもステキ♪

12月 今夜はステキなクリスマス

■リース・雪だるま・ケーキ

12月に入ると街中でひびくジングルベル。
子どもたちのもとに今年もサンタクロースは来てくれるかな？

▶作り方は 42 ページ

Hitomi's アドバイス

やわらかいうちにクリップをさし、ひもを通せば、クリスマスツリーのオーナメントにもなります。リースや雪だるまの他にもいろいろ作って、子どもたちの作品でツリーを飾りましょう！

アイデアいろいろ

フォトフレームをステキにアレンジ！

子どもたちの作品と思い出の写真がひとつになった、ステキなフォトフレームです。
壁にかけたり、立てかけたり！
ただし、ねんどが下から飛び出していると立てかけられないので、貼るときに注意してください。

オリジナル立体カレンダーも…

色画用紙に、日付を書いた紙と作品をボンドで貼りつけ、オリジナルのカレンダーにしても♪

1月 新年スタート！ なにして遊ぶ？

■かがみもち・はごいた・てぶくろ

外へ羽根つきに出かけよう！　カンカンなる羽根の音に、気持ちがピン！
新しい年の始まりを、家族みんなで祝いましょう。

▶作り方は 44 ページ

Hitomi's アドバイス

はごいたは、乾燥したら実際に羽根をついて遊ぶことができます。
かがみもちは、まわりに薄くボンドを塗り、ベビーパウダーをまぶすと本格的になりますよ。

遊びのバリエーション①

作品を集めてお店を作ろう！

作品作りに慣れてきたら、色違いや同じものをたくさん作って、ステキなお店を作ってみましょう。
ティッシュペーパーやお菓子、洗濯洗剤などの空き箱は、店や陳列棚に最適です。捨てずにとっておきましょう。

▶作り方は 50 ページ

たべものやさん

おはなやさん

アイスクリームやさん

ようひんてん

2月 おには外！ ふくは内！

■おに・まめ

節分の日に、まめまきをしておに退治！
青おにや一本角のおにも作って、にぎやかにして楽しみましょう。

▶作り方は 46 ページ

Hitomi's アドバイス

お面のように平面的なおにですが、顔を球にして作れば立体的に。からだを作って虎模様のパンツをはかせてもおもしろいですね！
目や口の作りによっては、迫力のある怖い顔にも。

遊びのバリエーション②

みんなでお店やさんごっこをしよう！

それぞれのお店が完成したら、お友だちと集まってお店やさんごっこを楽しみましょう。グループごとに違うお店を作ってもいいですね。
みんなが作ったのは、なんのお店かな？
ねんどでお仕事体験をしたら、将来の夢まで思い描けるかも……。

子どもたちに人気の遊び、お店やさんごっこ。お友だちの作品と一緒に置いて、交換してもいいですね。エプロンや三角巾をして、お店やさん気分を盛り上げて。

ヒントは思い出の中に

おもちゃの炊飯器、友だちと交換したメモ用紙、キラキラの折り紙、園で作ったもの、変色したシール、そして先生や友だちにもらった手紙……。子どもの頃お気に入りだったものを、ときどき見返して、当時どんなことにワクワクしていたかを思い出しています。
私の作品や衣装は、幼少期の憧れをヒントに作ったものばかり。子どもたちの声を聞くことと同じように、あの頃の自分自身の声を聞くと、生まれるものがあるのです。

3月 たのしい ひなまつり

■ひなにんぎょう・ひしもち・ひなあられ

恥ずかしそうなおだいりさまとおひなさま。おめかしをして並んでいます。
桃の節句の食べものはかわいらしいものばかり。華やかな春はすぐそこですね。

▶作り方は 48 ページ

Hitomi's アドバイス

おりひめ、ひこぼしと作り方はほとんど同じです。
人物は難しいですが、それぞれの個性が出てくるのでぜひ挑戦してください。
着物やあられの箱に和紙を使うと高級感が出ます。

CONTENTS

さあ 作りましょう！

■4月　わくわく入園＆進級 …… 26
ぼうし・バッグ・さくら
■5月　こどもの日がやってきた！ …… 28
こいのぼり・くも・お母さん（お父さん）・お花
■6月　カエルがよろこぶ雨の季節 …… 30
長ぐつ・てるてるぼうず・ネクタイ
■7月　天の川に願いをかけて… …… 32
アイスクリーム・おりひめとひこぼし
■8月　元気に遊ぼう夏休み …… 34
すいか・ひまわり・ヨーヨー
■9月　おじいちゃんおばあちゃんありがとう！ …… 36
三色だんご・おせんべい・おまんじゅう
■10月　お弁当持って出かけよう！ …… 38
おにぎり・ウィンナー・いんげん・たまごやき・ミニトマト
■11月　芸術よりも食欲の秋 …… 40
やきいも・くり・ぶどう
■12月　今夜はステキなクリスマス …… 42
リース・雪だるま・ケーキ
■1月　新年スタート！　なにして遊ぶ？ …… 44
かがみもち・はごいた・てぶくろ
■2月　おには外！　ふくは内！ …… 46
おに・まめ
■3月　たのしいひなまつり …… 48
ひなにんぎょう・ひしもち・ひなあられ
■お店やさんごっこのお店 …… 50
お店・トング・トレイ（お弁当箱）
■ねんどの種類と保存方法 …… 52
■ねんドル岡田ひとみのtsubuyaki …… 54
■油ねんどで楽しいゲーム大会 …… 56
■ねんどで人形劇／ねんど絵本を作ってみよう …… 58
■力を合わせてステキな作品を …… 60
■あとがき …… 62

4月 作り方 （作品は2ページ）

ぼうし

材料・道具

ねんど
水彩絵の具 (黄色)
へら

❶

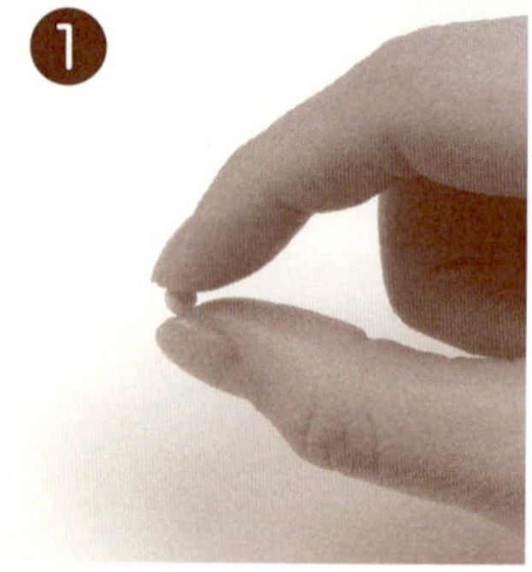

ねんどに黄色の絵の具を混ぜ、黄色のねんどを作ります。そこから少量のねんどを取って、小さな丸をひとつ作ります。

❷

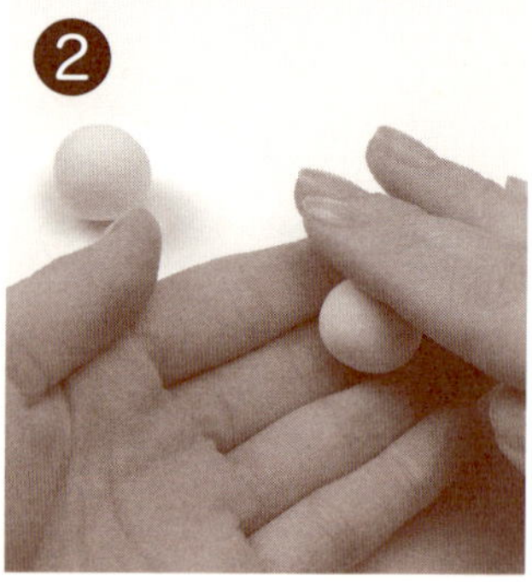

残りのねんどをふたつに分け、丸めます。

❸

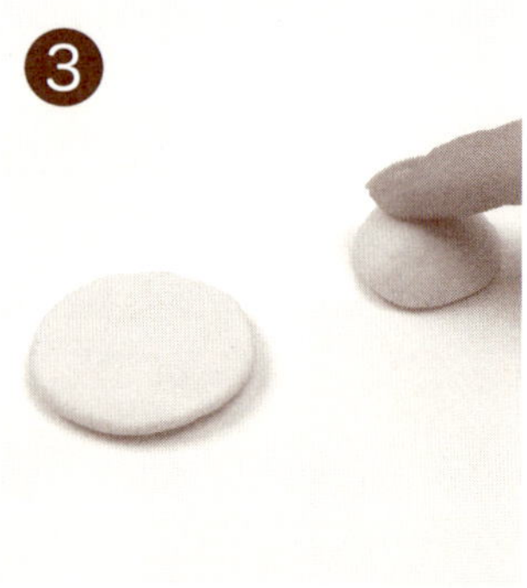

ひとつは平たくつぶし、もうひとつはドーム形にします。

❹

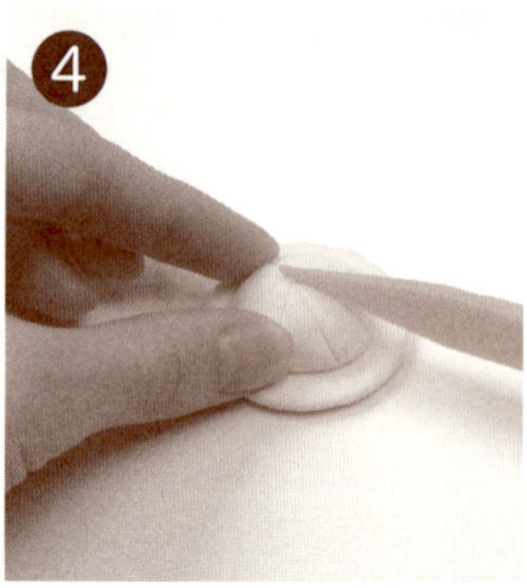

平たいねんどの上にドーム形のねんどをのせ、へらで線を入れます。

❺

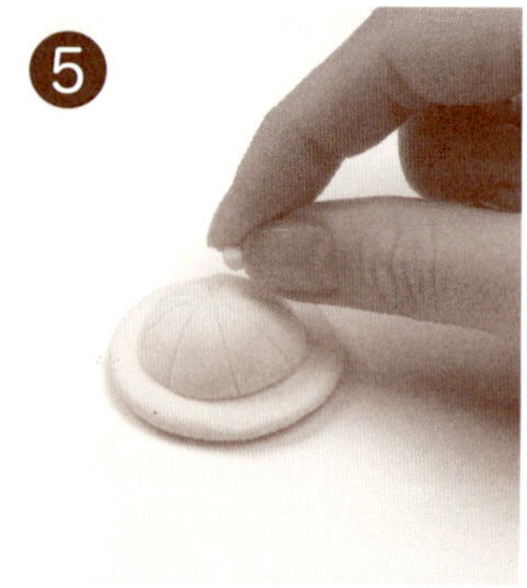

❶をのせれば、できあがりです。

バッグ

材料・道具

ねんど
水彩絵の具 (好きな色)
へら
木工用ボンド

❶

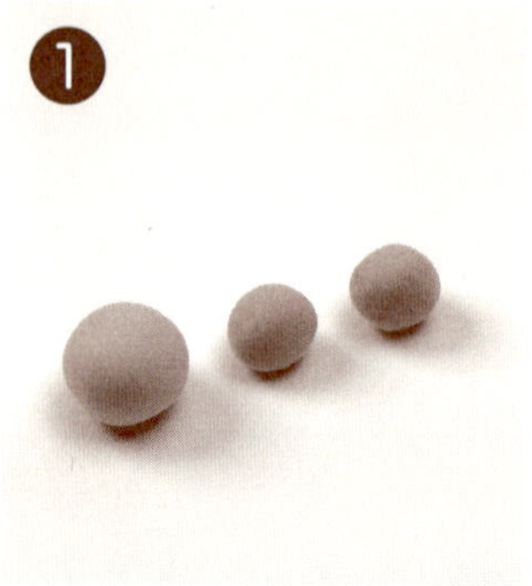

好きな色のねんどを作り、まずはふたつに分けます。片方をさらにふたつに分けましょう。

❷

大きいねんどと小さいねんどのひとつをつぶし、へらで長方形に切り、重ねます。

❸

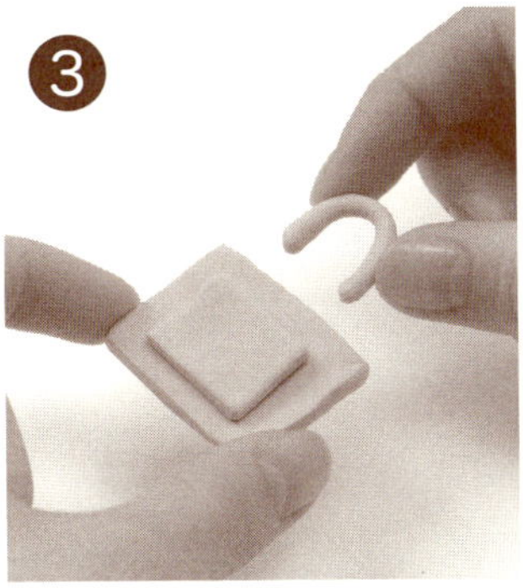

残ったひとつを転がして細長くし、U字に曲げます。❷にボンドでつけて持ち手にしましょう。

さくら

材料・道具

ねんど
水彩絵の具(赤)
へら

❶

薄いピンクのねんどを作り、5つに分けて丸めます。前後に転がし細長くしましょう。

❷

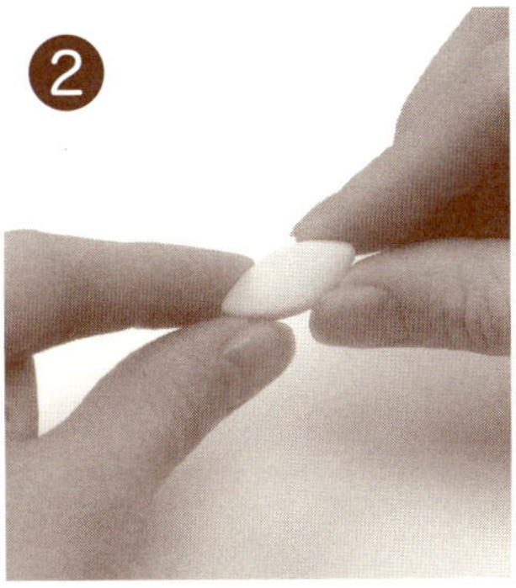

つぶして薄くします。両端をつまんでとがらせましょう。

❸

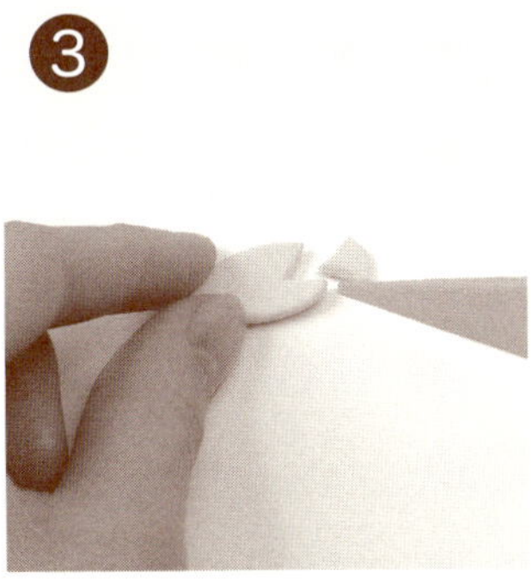

へらで片方の端を三角に切り取ります。

❹

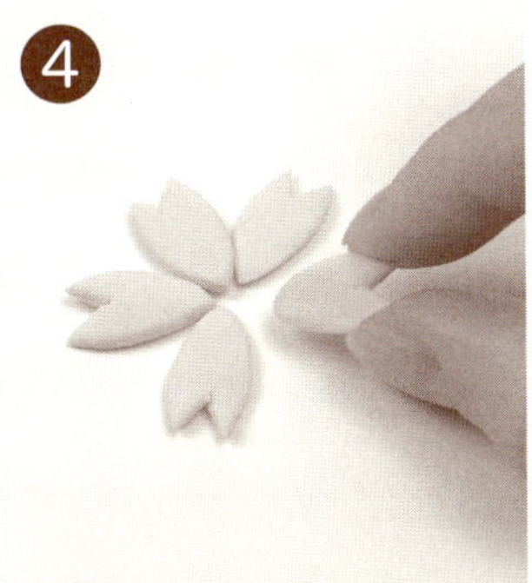

5枚並べて桜の花の形にしましょう。

5月

作り方（作品は4ページ）

こいのぼり

材料・道具

ねんど・へら
水彩絵の具（赤・青）
ペン（黒・赤・青）

❶

ねんどに絵の具を混ぜ、赤と青のねんどをそれぞれ作ります。

❷
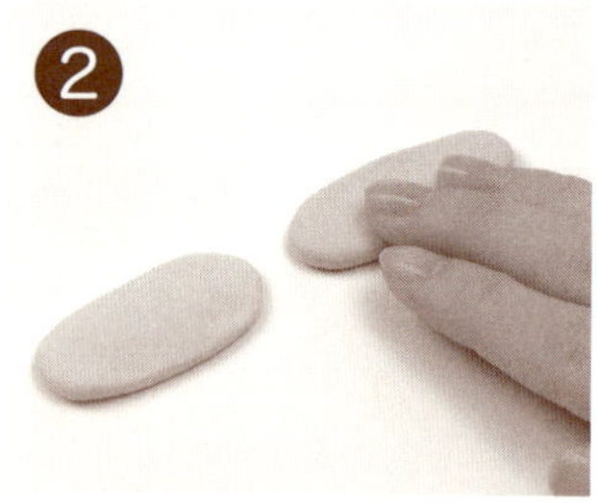

前後に転がして長くしてから、平たくつぶします。

❸
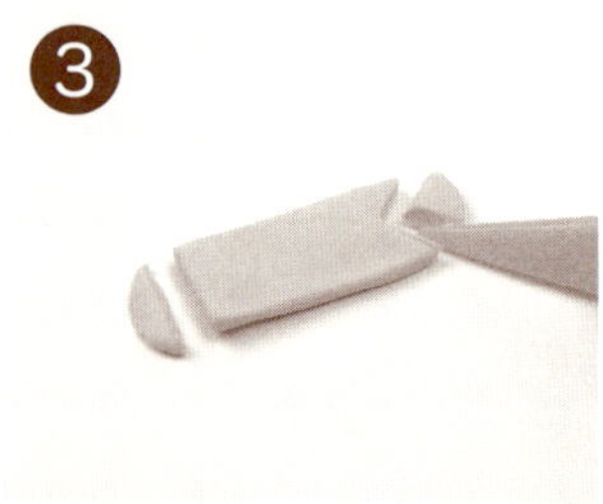

短い方の辺の片方をへらでまっすぐに切ります。もう片方は三角に切り落とします。

❹

白いねんどで小さな丸をふたつ作り、つぶして❸につけ、こいのぼりの白目を作ります。

❺
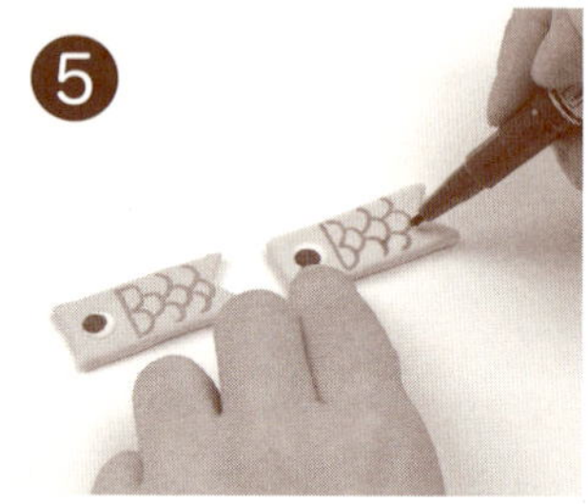

乾いたら、黒いペンで黒目を、赤青のペンでうろこ模様を描きます。

くも

材料・道具

ねんど
へら

❶

ねんどで細長い丸を作り、つぶします。

❷
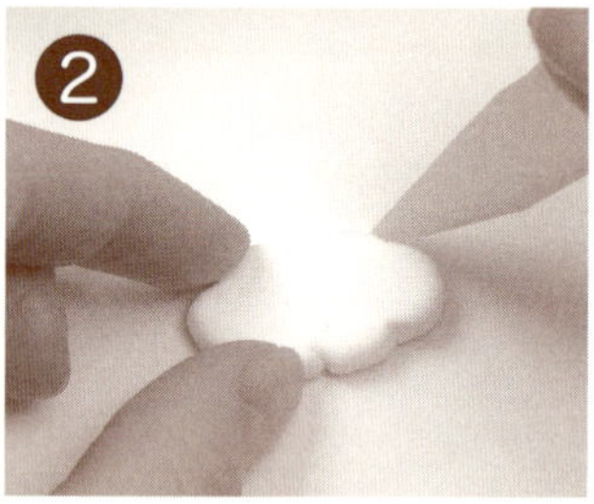

へらを横から数カ所押しあて、くぼませます。

お母さん

材料・道具

ねんど・木工用ボンド
水彩絵の具（黄土色・黒）
へら・ペン（黒）

※お父さん（6ページ）

❶

薄黄土色のねんどを作ります。そこから少量を取り、小さな丸を3つ作ります。

❷
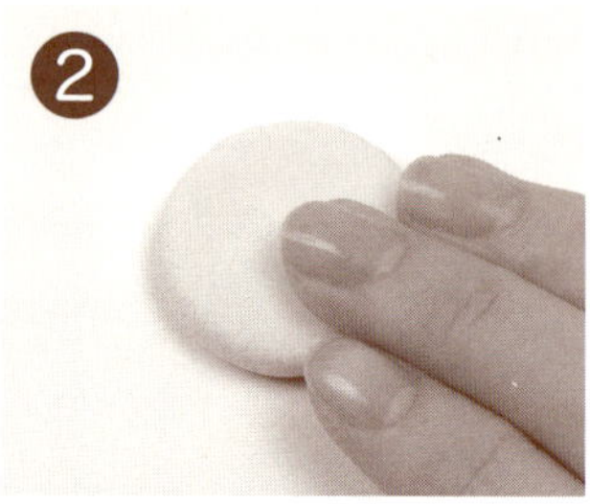

残りのねんどを丸め、かるくつぶします。

3

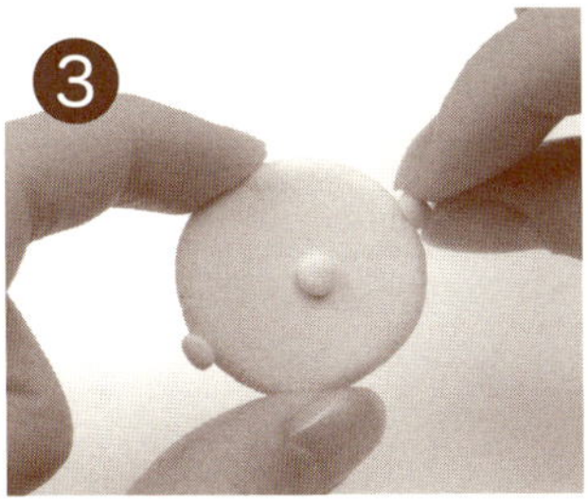

❶で作った小さな丸を中央にひとつ、両側の端にひとつずつボンドでつけ、鼻と耳を作ります。

4

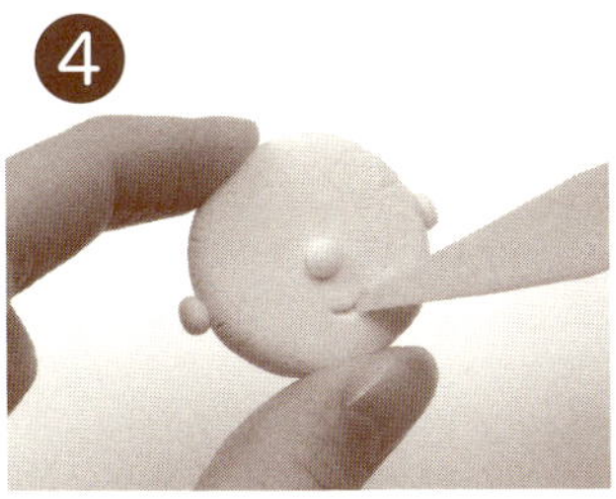

鼻の下にへらで口を描きます。

5

黒いねんどを作り、転がしてひも状に伸ばしたものをたくさん作ります。

6

頭につけていきます。自分のお母さん（お父さん）に似るよう、髪型をまねて作りましょう。

7

ねんどが乾いたらペンで目を描けば、できあがりです。

お花

材料・道具

ねんど
水彩絵の具 (好きな色)
ストロー・色画用紙 (緑系)
はさみ・テープ

1

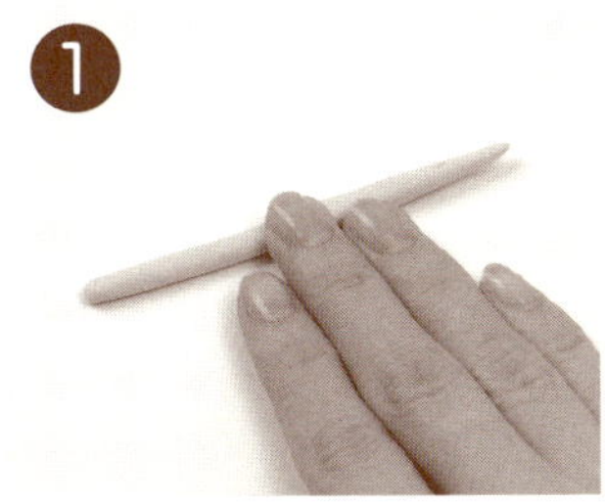

お花の色のねんどを作ります。転がして細長く伸ばしましょう。

2

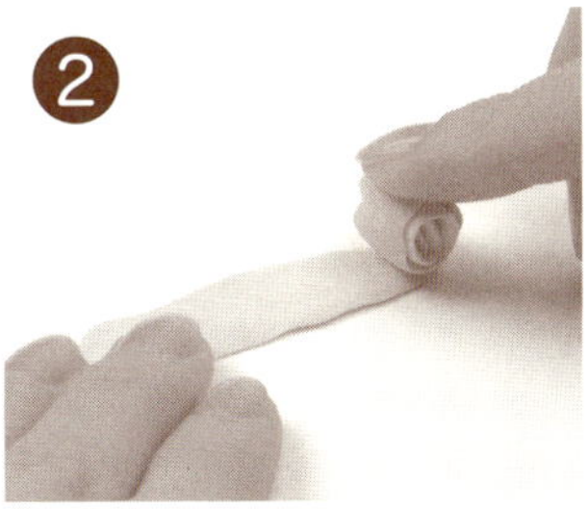

つぶして薄くしてから、端からくるくる巻いていきます。

3

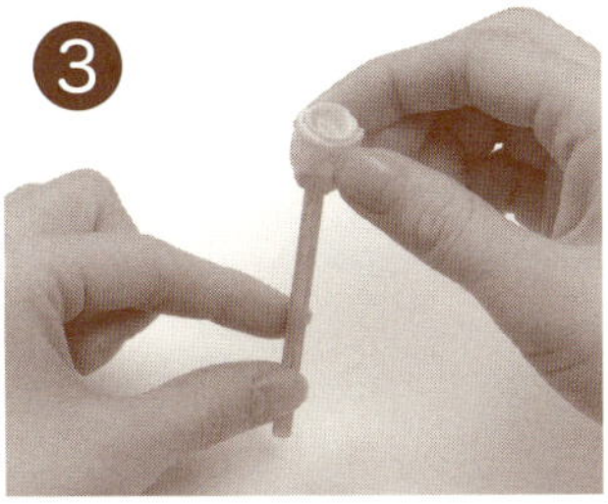

ストローをさします。

4

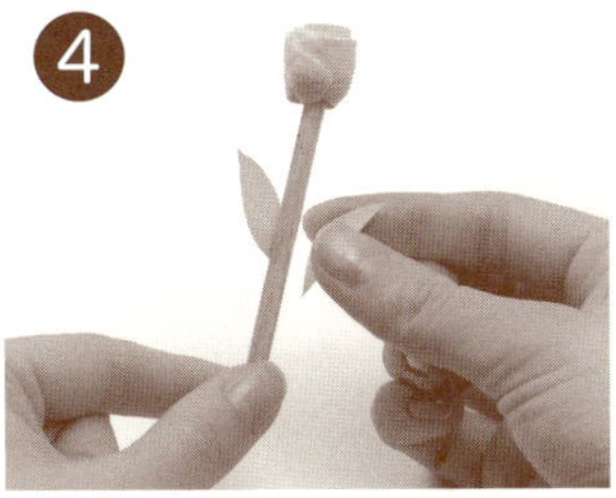

画用紙を葉っぱの形にはさみで切り､茎にテープで貼りましょう。

6月 作り方 (作品は6ページ)

長ぐつ

材料・道具

ねんど
水彩絵の具(好きな色)

❶

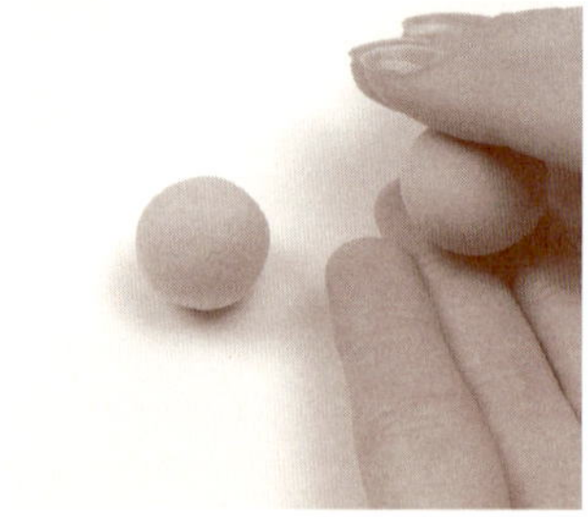

好きな色のねんどを作り、ふたつに分けておきます。

❷

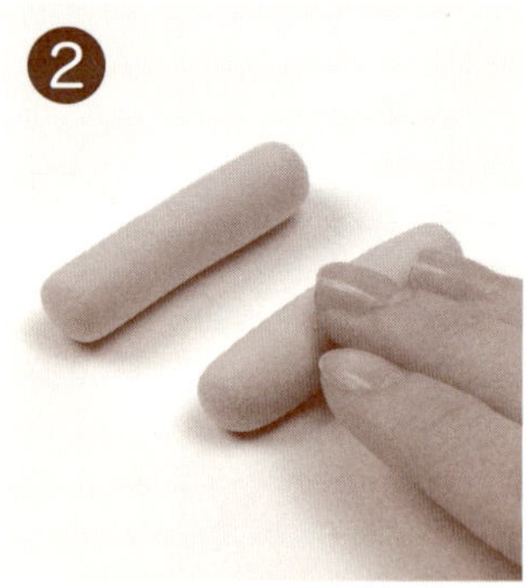

前後に転がし、細長くします。

❸

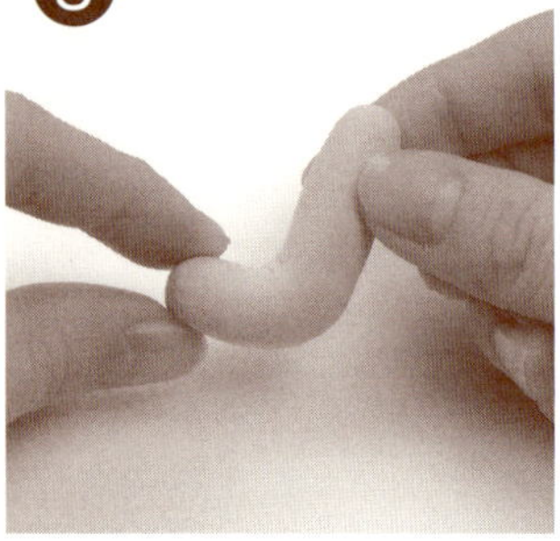

3分の1くらいのところで、直角に曲げます。

❹

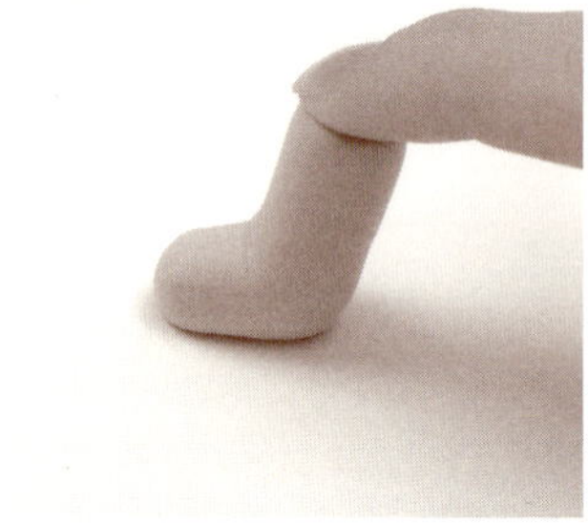

台に押しあて、くつ底と上の部分が平らになるようにします。

てるてるぼうず

材料・道具

ねんど
木工用ボンド
ペン(黒)
リボン

❶

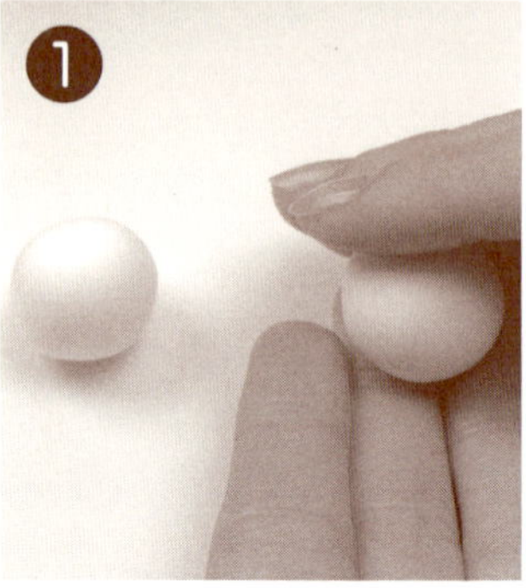

ねんどをふたつに分け、丸めます。

❷

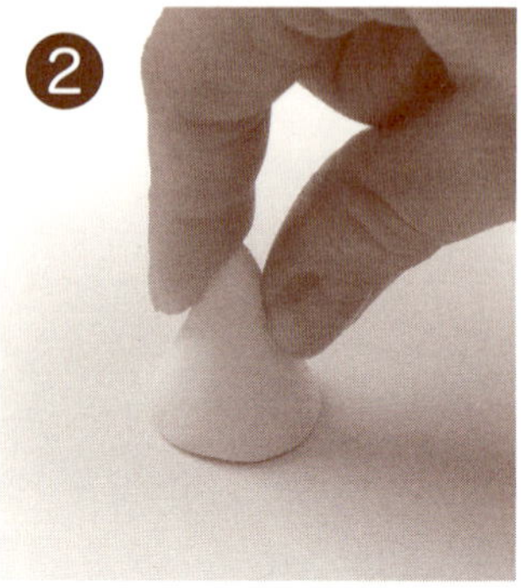

ひとつは台に置いたまま上からつまんで円すい形にします。

❸

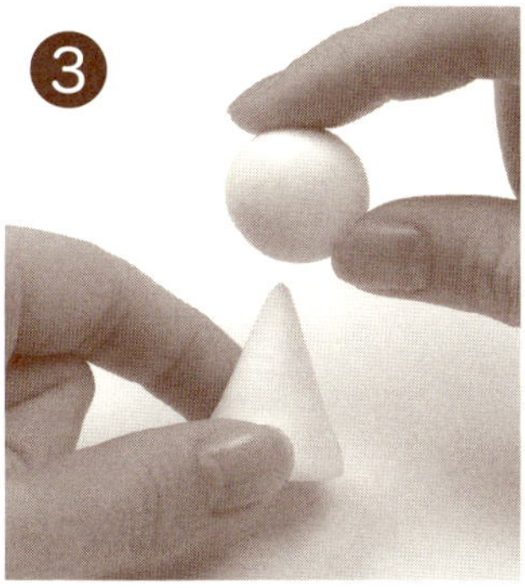

❶と❷をボンドで貼りつけます。

❹

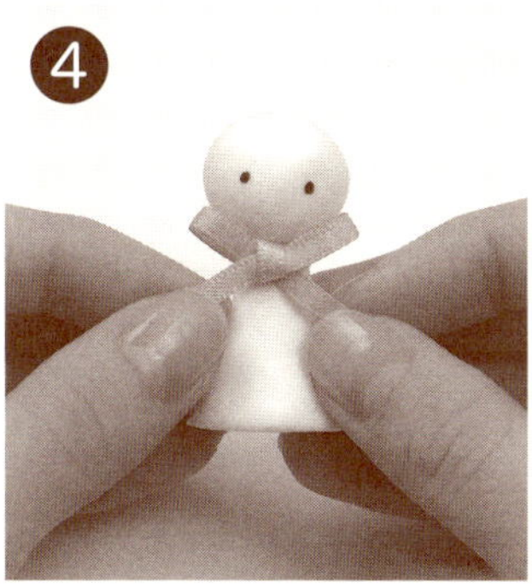

ねんどが乾いたらペンで目を描き、リボンを結びましょう。

ネクタイ

材料・道具

ねんど
水彩絵の具(好きな色)
へら

❶

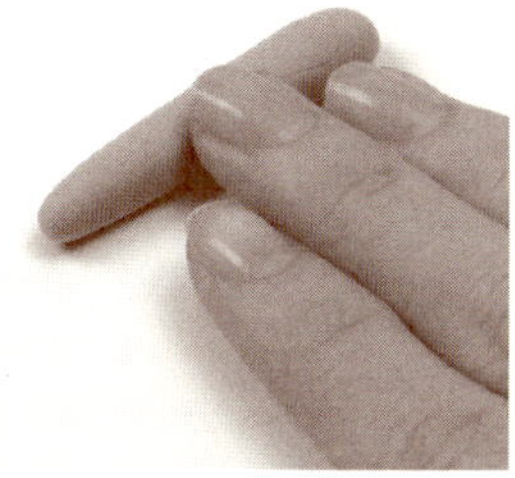

好きな色のねんどを作ります。細長くしてから平たくつぶしましょう。

❷

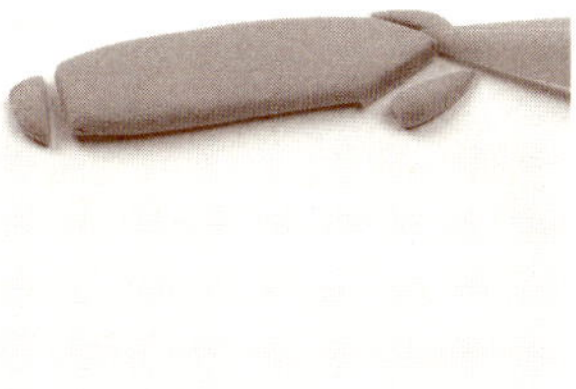

片方の端をへらで切ってとがらせます。反対側はまっすぐに切ります。切り取ったねんどはひとつに丸めておきましょう。

❸

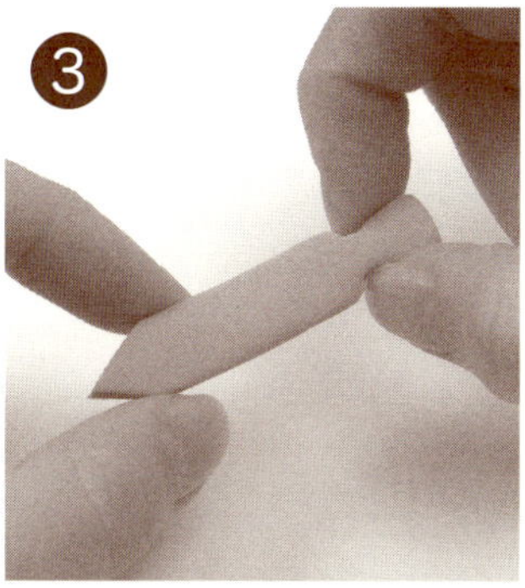

とがっていない方の端の近くを横から指でつまんで、くぼませます。

❹

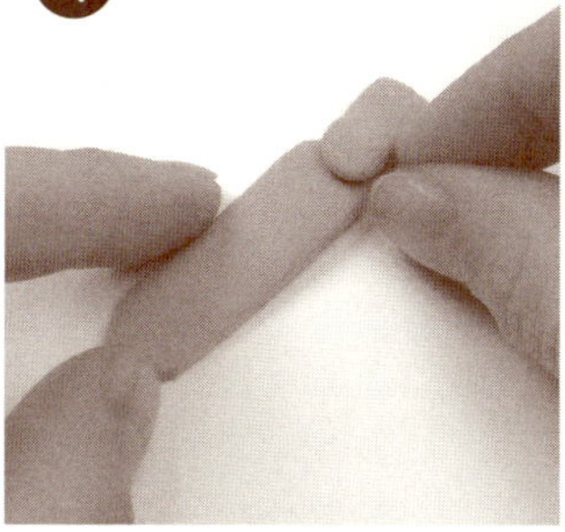

❷で丸めたねんどを、くぼませた部分に置いてつぶします。

※お父さんの作り方は、28ページの「お母さん」を参照ください。

7月 作り方 (作品は8ページ)

アイスクリーム

材料・道具

ねんど
水彩絵の具 (黄土色・好きな色)
かご or へら
歯ブラシ

❶

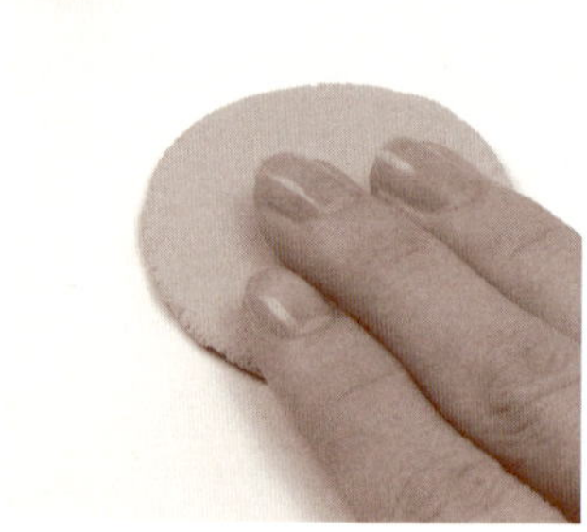

黄土色のねんどを作り、丸めてから平たくつぶします。

❷

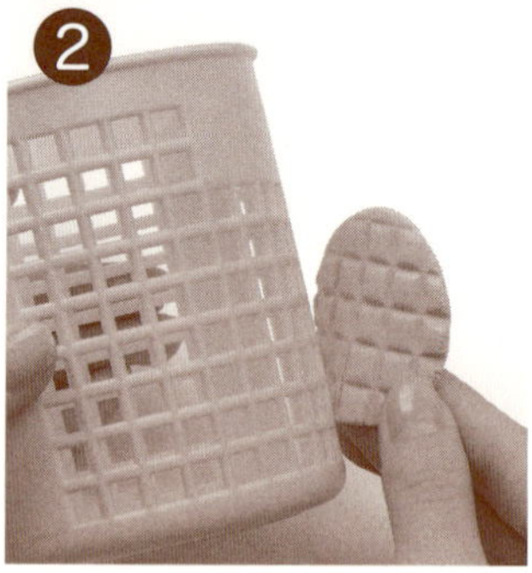

かごなどに押しあてて模様をつけます。かごがなければ、へらで格子模様を描きましょう。

❸

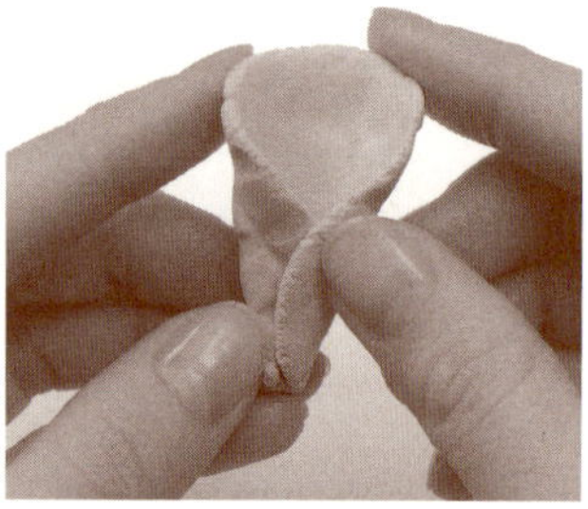

先がとがるように巻いて、コーンの形にします。

❹

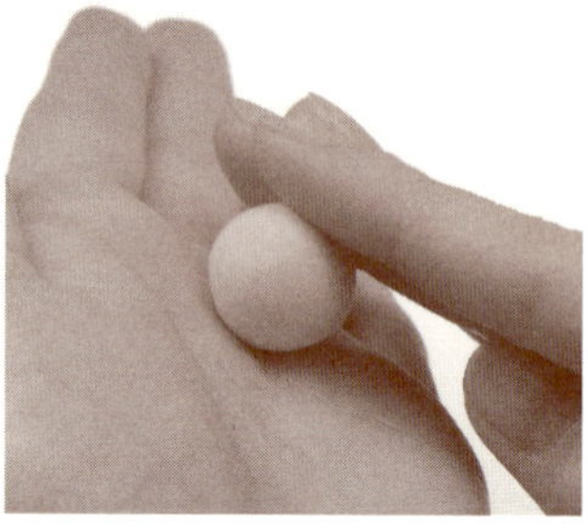

ねんどに好きな色を混ぜて丸めます。

❺

まわりを歯ブラシでたたき、ザラザラにします。

❻

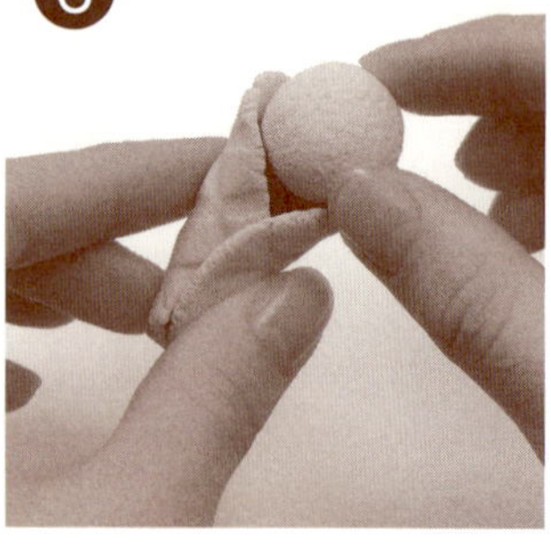

コーンに❺のアイスをのせます。

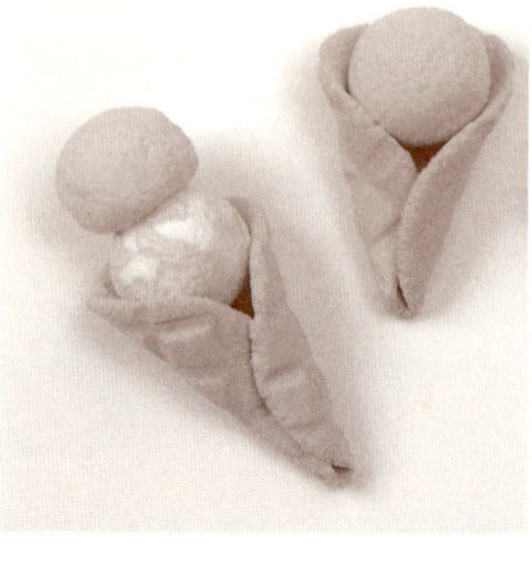

２色のねんどをかるく混ぜて丸めると、マーブルになります。いろいろ作って楽しみましょう。

おりひめとひこぼし

材料・道具

ねんど・へら
水彩絵の具(黄土色・黒・赤・青)
折り紙(赤系・青系)
木工用ボンド・はさみ
ペン(黒)

❶

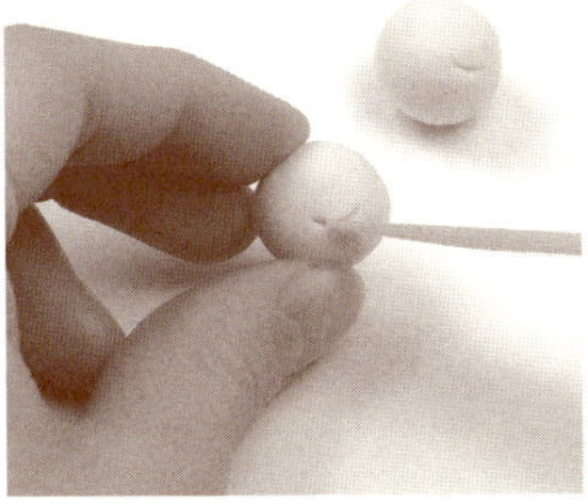

薄黄土色のねんどを作り、ふたつに分けて丸めます。へらで口を描いておきましょう。

❷

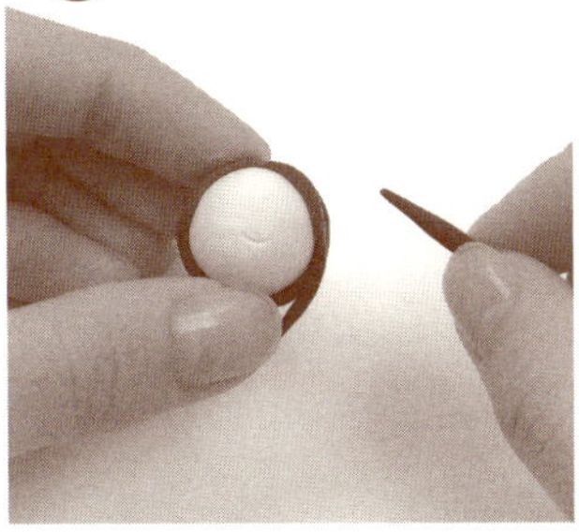

黒いねんどを作り、ひも状に伸ばしたものをたくさん作ります。それぞれの頭につけていきます。

❸

ひも状のねんどでわっかをふたつ作り、おりひめの頭にボンドでつけます。

❹

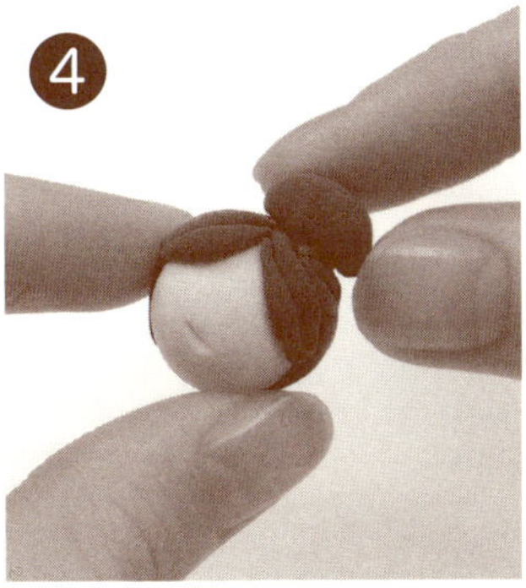

黒いねんどを丸め、ひこぼしの頭につけます。

❺

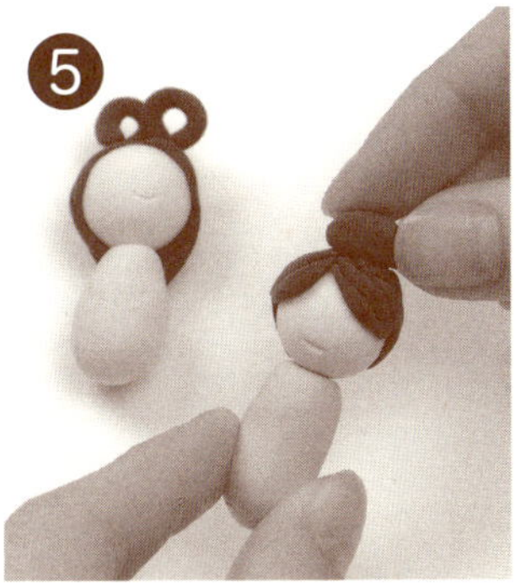

ピンクと水色のねんどを作り、細長く丸めます。これをそれぞれの頭にボンドでつけましょう。

❻

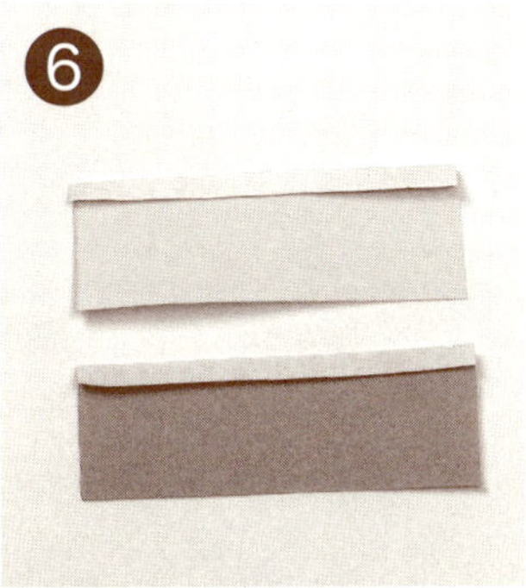

折り紙を長方形にはさみで切り、長い辺の片側を少し折り返しておきます。

❼

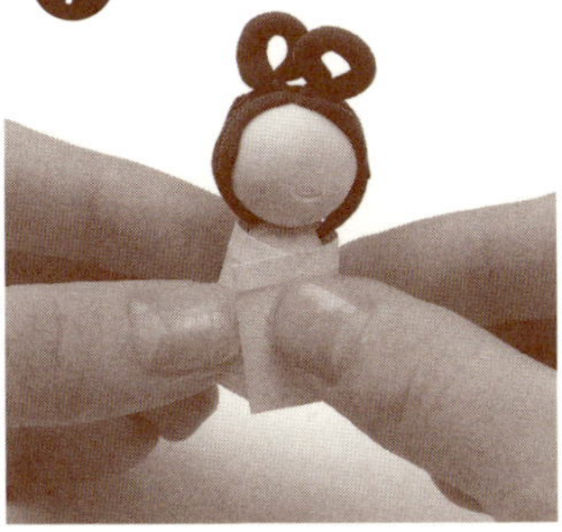

折り返した部分が顔の下にくるようにからだに巻きつけ、ボンドでとめます。着物の右手側が下になるよう気をつけましょう。

❽

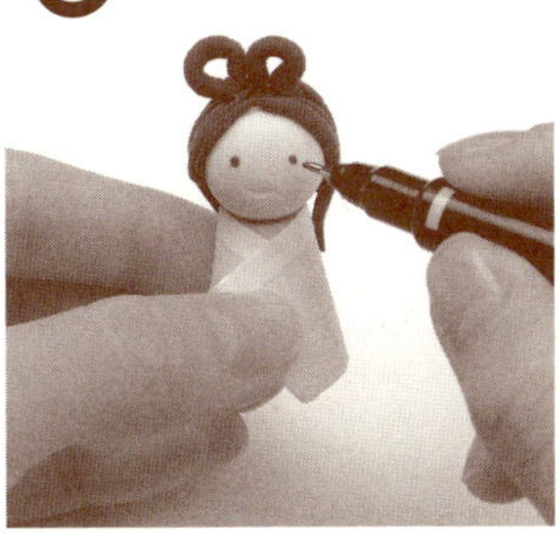

ねんどが乾いたらペンで目を描きます。

作り方 （作品は 10 ページ）

すいか

材料・道具

ねんど
水彩絵の具（赤・緑）
ビーズ（黒）orペン（黒）
へら

❶

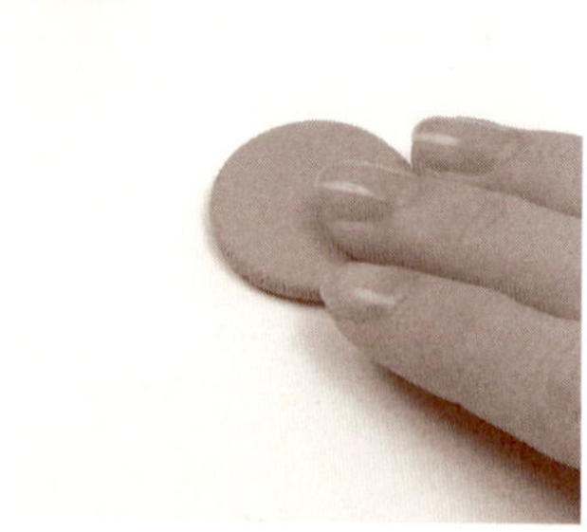

赤いねんどを作ります。丸めてから平たくつぶします。

❷

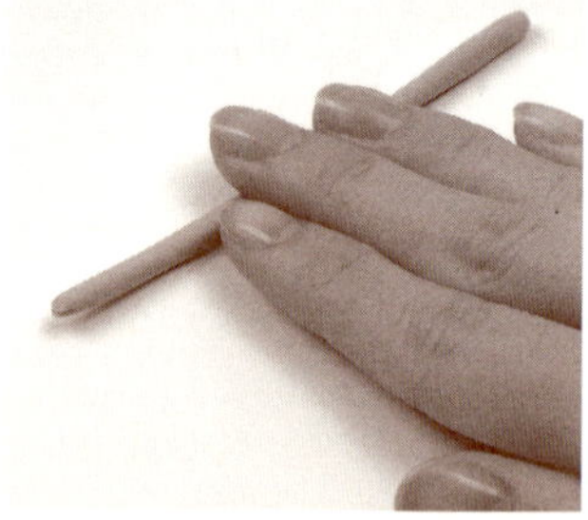

緑色のねんどを作ります。転がして細長く伸ばします。

❸

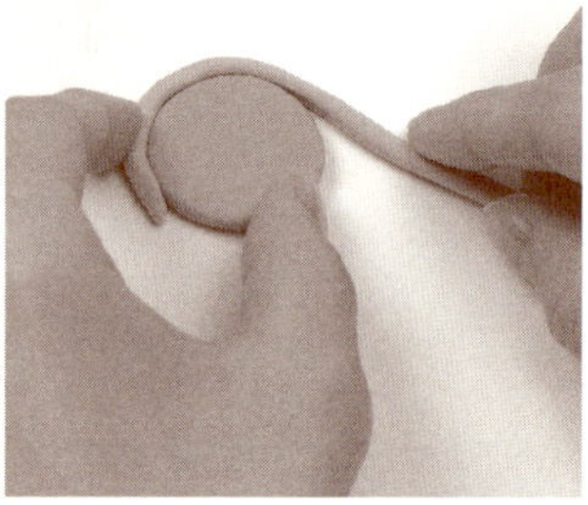

❷を❶のまわりに巻きつけます。

❹

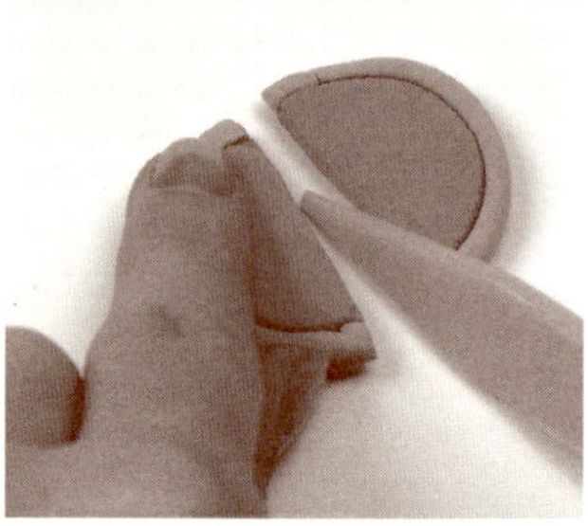

へらでまん中を切ります。

❺

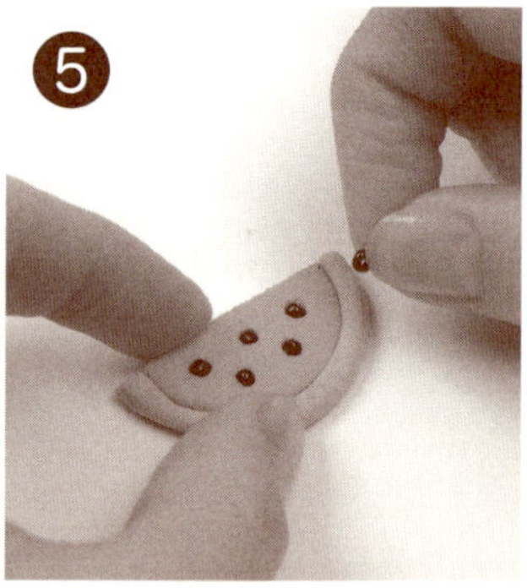

ビーズを埋め込み、種にします。なければ、乾いてからペンで描きましょう。

ひまわり

材料・道具

ねんど
水彩絵の具（茶色・黄色）
へら

❶

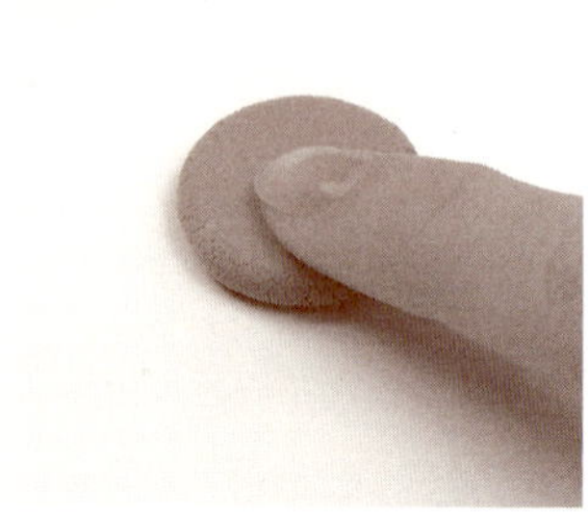

茶色いねんどを作ります。丸めてから平たくつぶします。

❷

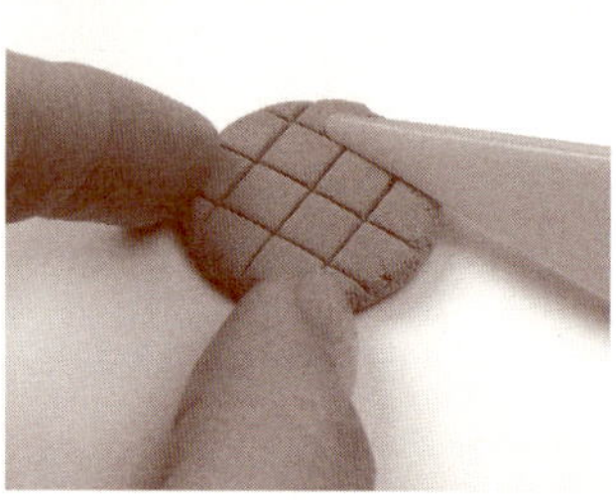

へらで格子模様を描きます。

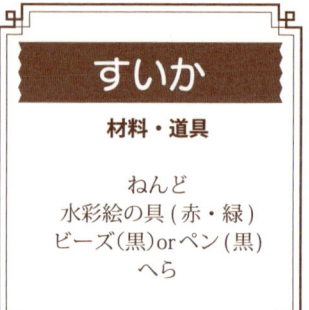

3

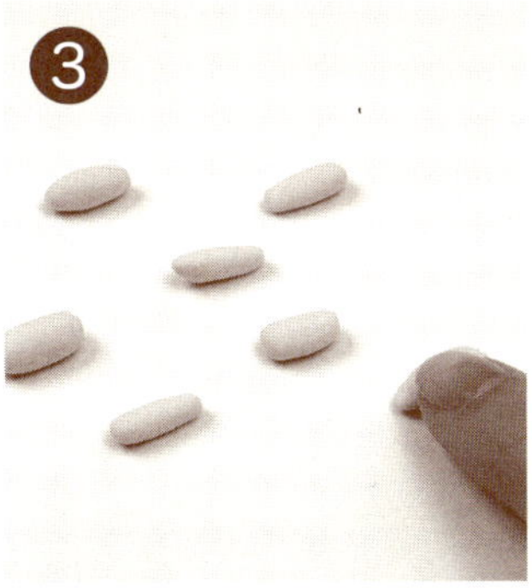

黄色いねんどを作ります。細長く丸めたものをたくさん作り、かるくつぶしておきましょう。

4

それぞれの両端をつまんでとがらせ、花びらを作ります。

5

❷の裏側に、花びらの先を放射状につけていきます。

ヨーヨー

材料・道具

ねんど
水彩絵の具(好きな色)
木工用ボンド
つまようじ
ひも

1

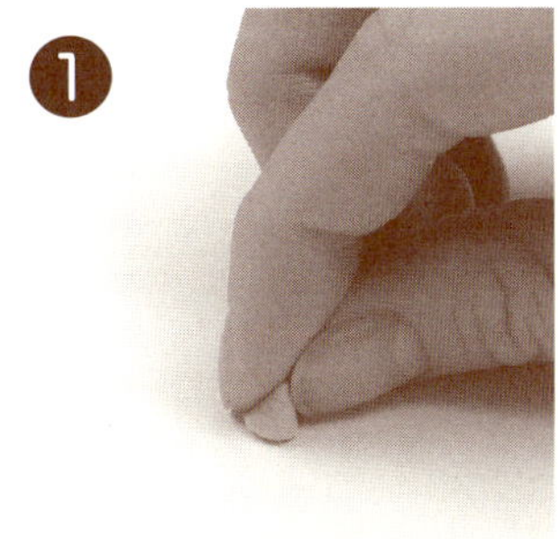

好きな色のねんどを作ります。少量を取り、上からつまんで台に押しあて、円すい形にします。

2

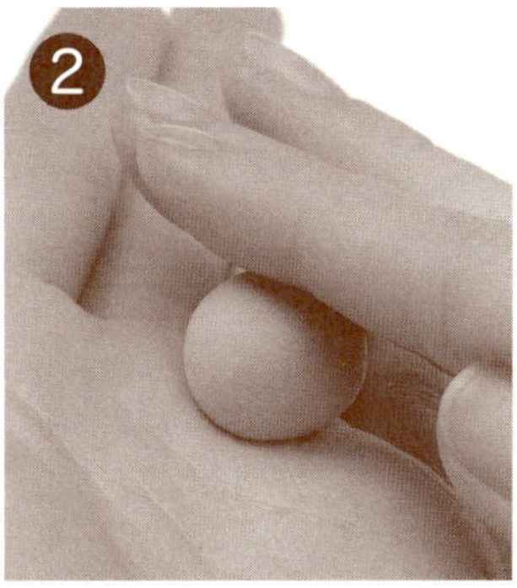

残りのねんどを丸めます。

3

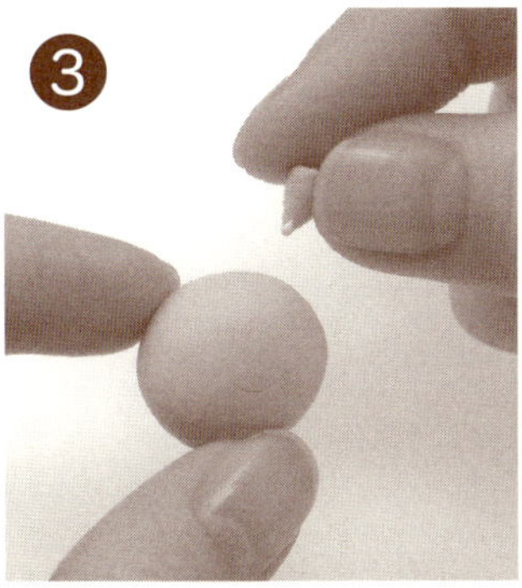

丸めたねんどに、円すいのとがった方をボンドで貼りつけます。

4

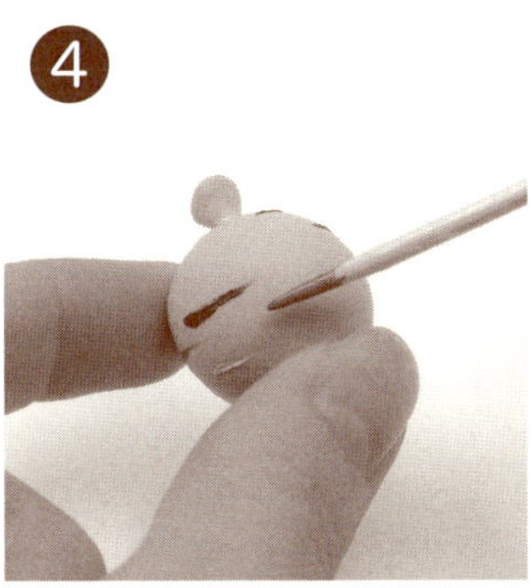

つまようじに絵の具をつけて、模様を描きます。

5

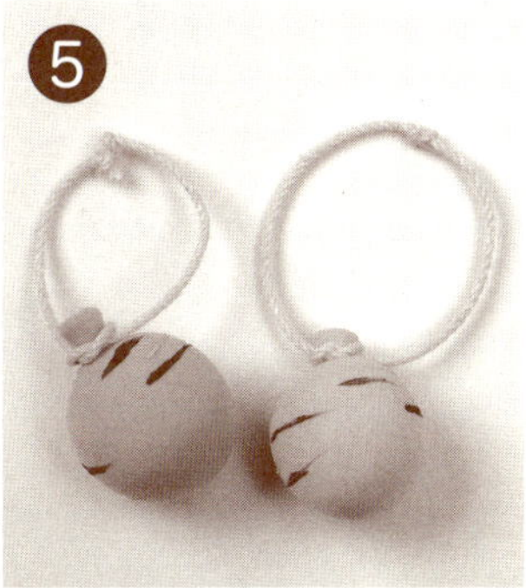

乾いたらひもを結んで、できあがりです。

9月 作り方 （作品は 12 ページ）

三色だんご

材料・道具

ねんど
水彩絵の具(赤・黄緑)
つまようじ

❶

白いままのねんどを丸めます。

❷

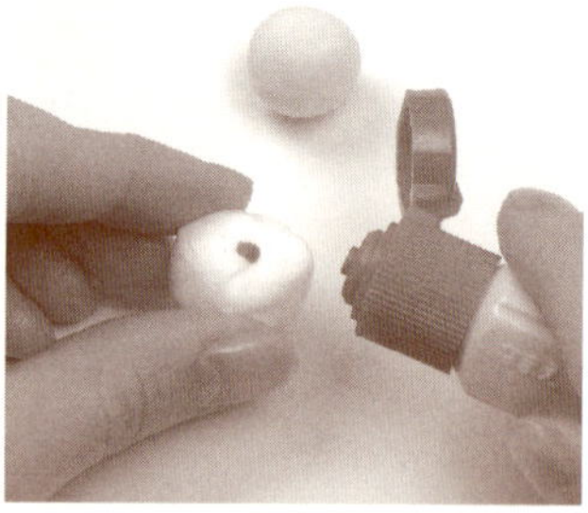

❶と同じ量のねんどで、それぞれピンクと黄緑のねんどを作ります。

❸

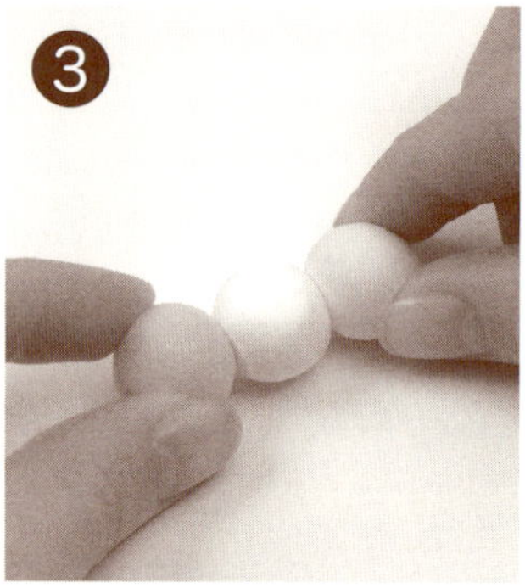

丸めてから、白をまん中にして3つ並べてくっつけます。

❹

そっとつまようじをさせば、できあがりです。

おせんべい

材料・道具

ねんど
水彩絵の具(茶)
タオル or 歯ブラシ
折り紙(黒)・はさみ
木工用ボンド

❶

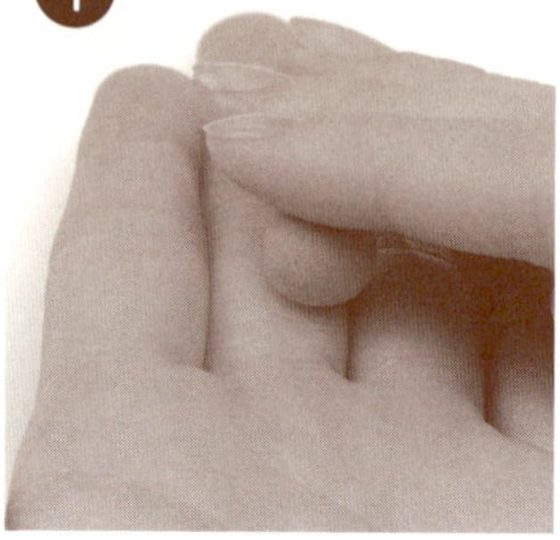

茶色のねんどを作り、丸めます。

❷

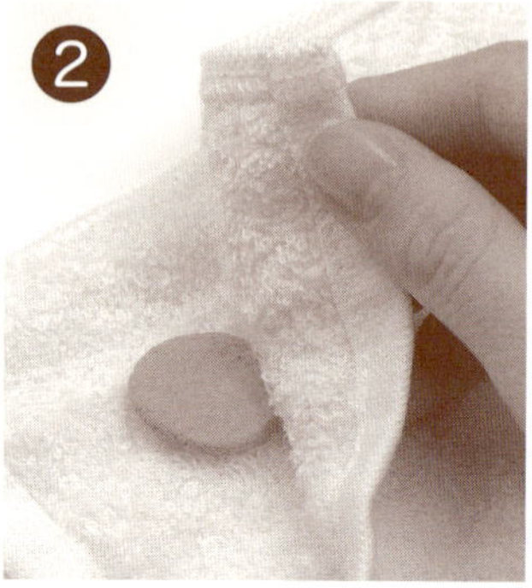

タオルにはさんでつぶし、模様をつけます。つぶしてから歯ブラシでたたいてもいいでしょう。

③

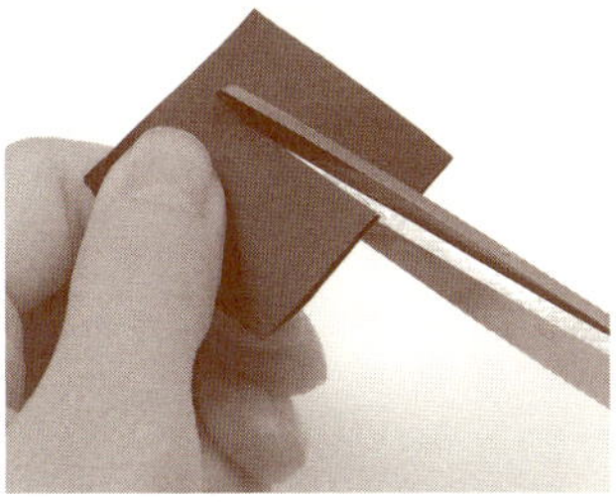

折り紙を長方形にはさみで切ります。

④

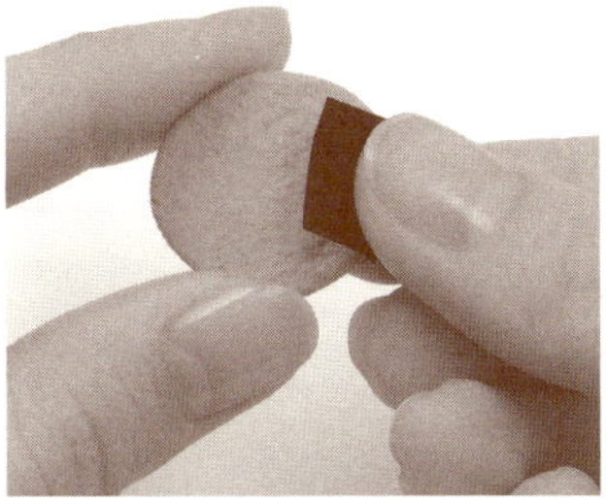

切った折り紙をボンドで貼りつけます。

おまんじゅう

材料・道具

ねんど
水彩絵の具(黒)

❶

黒いねんどを作ります。丸めてから、かるくつぶしておきます。

❷

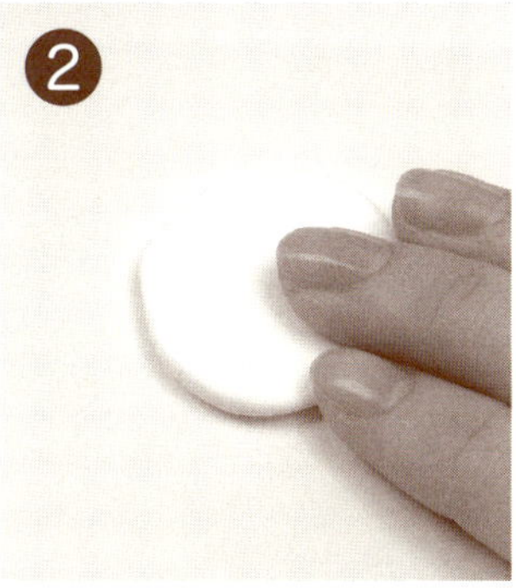

❶と同じ量の白いねんどを丸め、薄く伸ばします。

③

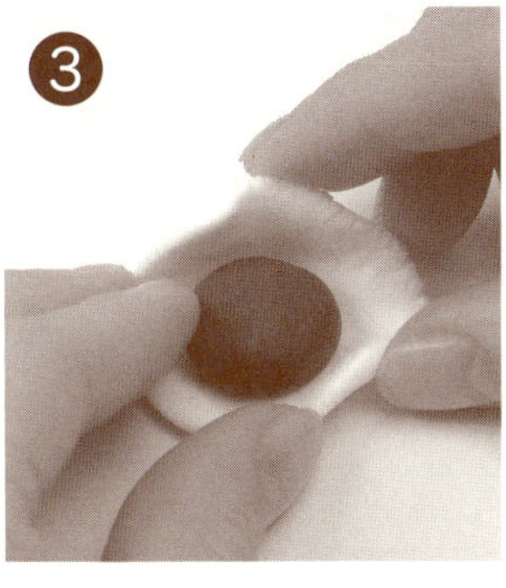

❷で❶を包みます。

④

ドーム形になるよう形を整えましょう。

⑤

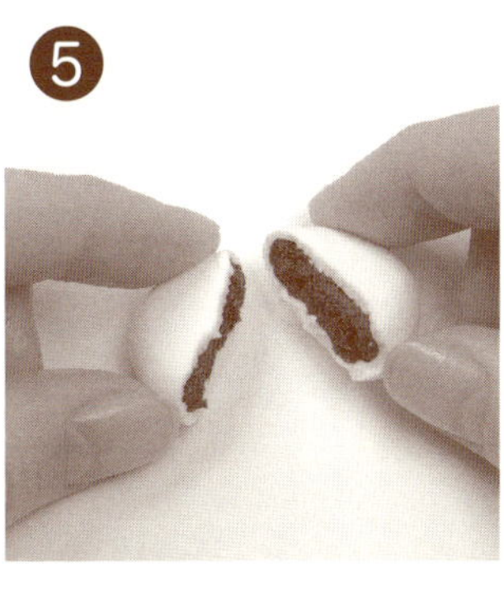

1時間から半日乾かしたら、手でふたつに割ります。へらなどで切れ目を入れてから割ると、きれいに割れます。

10月 作り方（作品は14ページ）

おにぎり

材料・道具

ねんど
折り紙(黒)
歯ブラシ
はさみ
木工用ボンド

白いままのねんどを丸め、かるくつぶします。

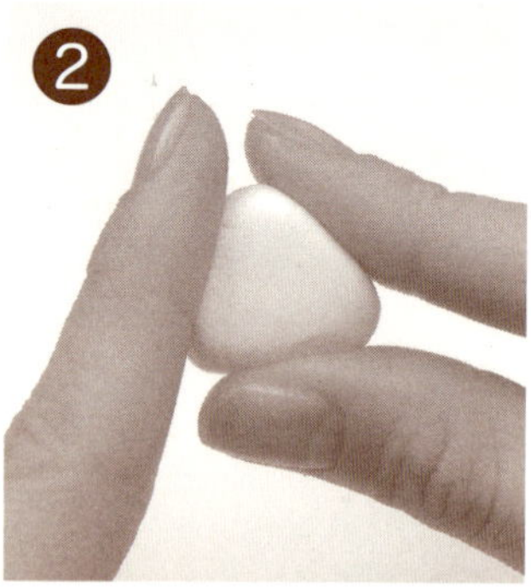

指で三角に整えます。

歯ブラシで表面をたたき、ザラザラにします。

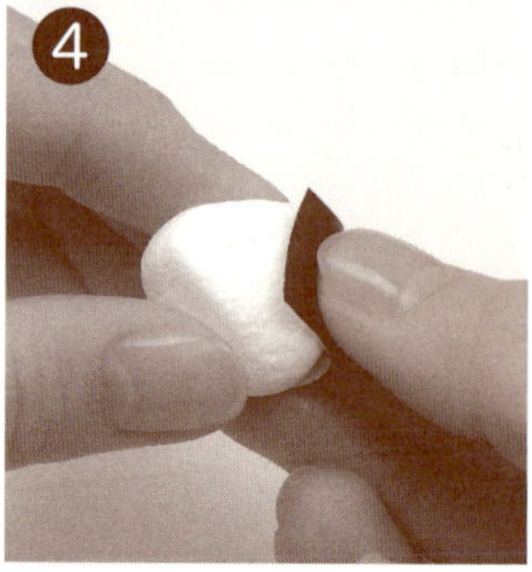

長方形にはさみで切った折り紙をボンドで貼りつけます。

ウィンナー

材料・道具

ねんど
水彩絵の具(赤・黄色)
へら

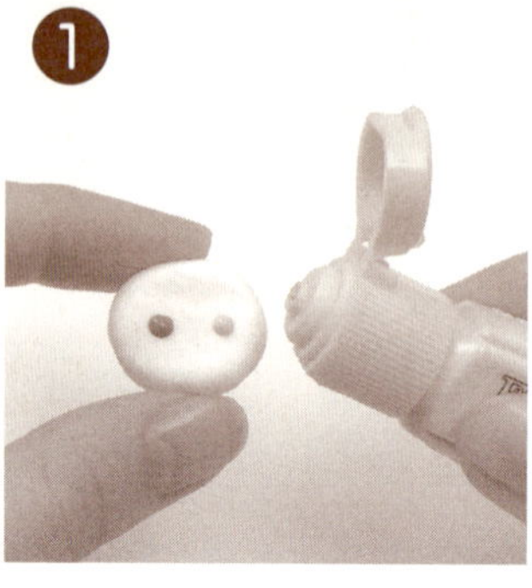

赤と黄色の絵の具で、オレンジのねんどを作ります。

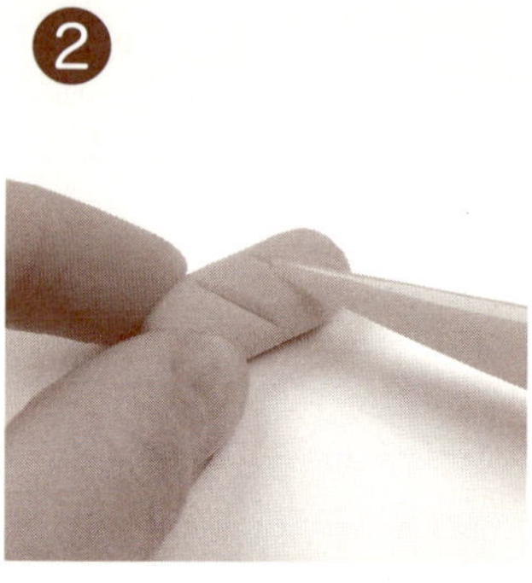

前後に転がして細長くし、へらでななめの線を2、3本描きましょう。

いんげん

材料・道具

ねんど
水彩絵の具 (緑)
へら

1

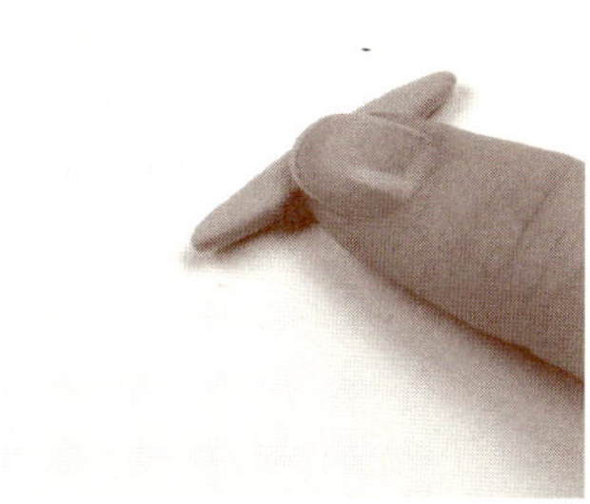

緑色のねんどを作ります。前後に転がして細長くします。

2

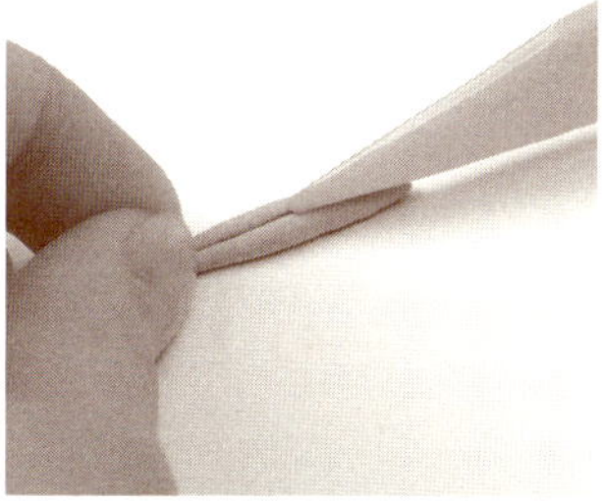

へらで縦に 1 本線を入れます。

たまごやき

材料・道具

ねんど
水彩絵の具 (黄色)

1

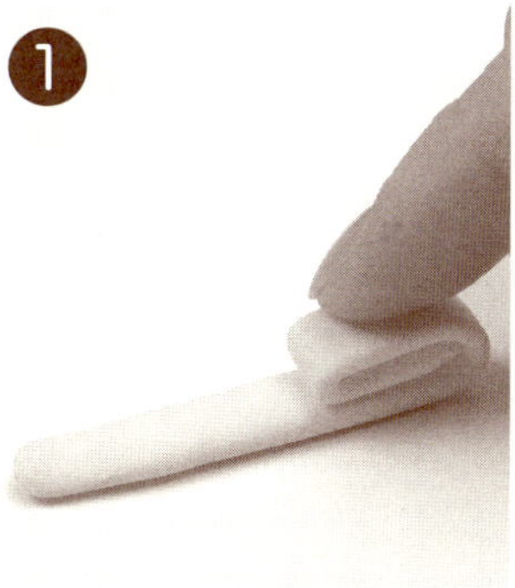

黄色のねんどを作ります。細長く伸ばしてから平たくつぶし、端からくるくる巻いていきます。

2

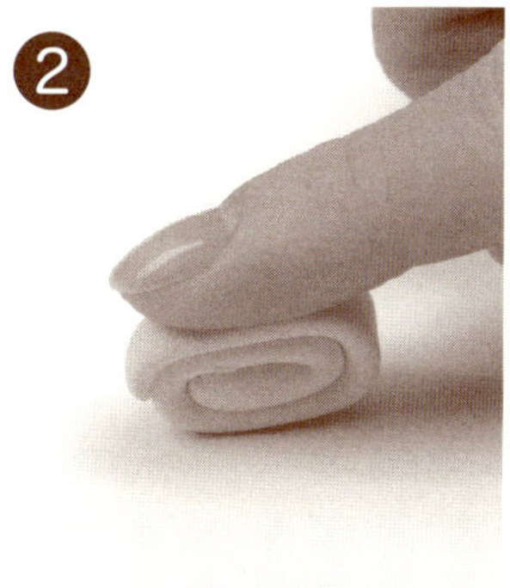

巻いた後に上からかるく押さえ、形を整えましょう。

ミニトマト

材料・道具

ねんど
水彩絵の具 (赤)
つまようじ

1

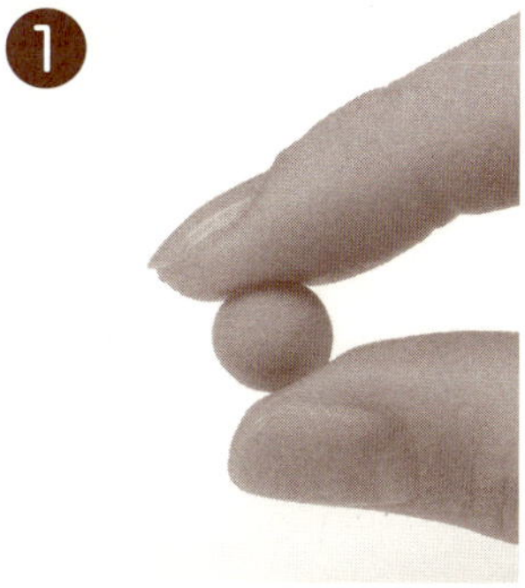

赤いねんどを作って、丸めます。

2

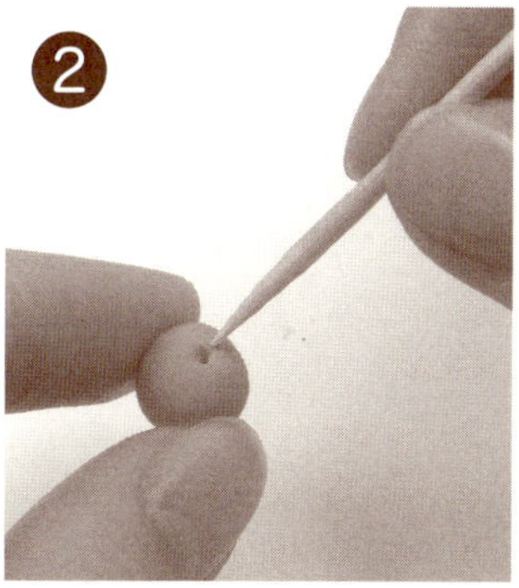

つまようじで、1 カ所穴を開けます。

※お弁当箱の作り方は、51 ページの「トレイ」を参照ください。

11月 作り方 （作品は 16 ページ）

やきいも

材料・道具

ねんど
水彩絵の具（黄色・赤・青）
つまようじ
パレット
筆

❶

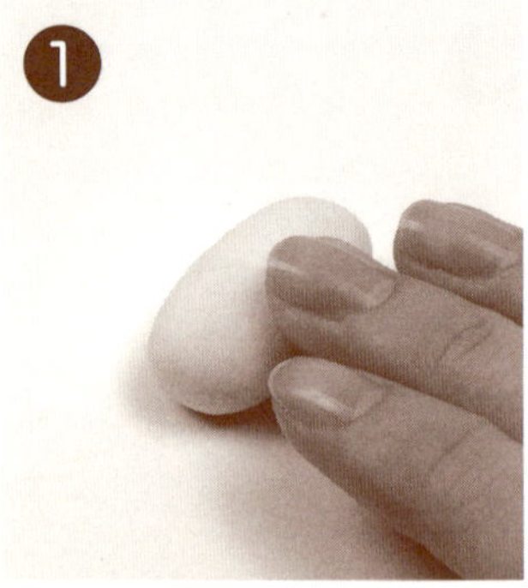

黄色いねんどを作ります。前後に転がして細長くしましょう。

❷

両端をつまんでとがらせます。

❸

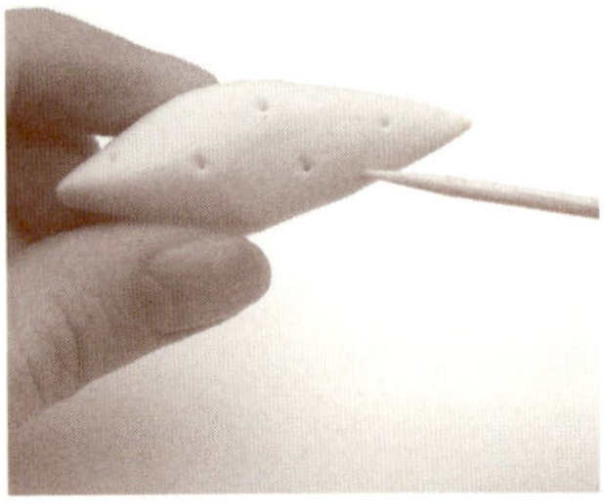

まわりにつまようじをプスプスさし、穴を開けます。

❹

パレットで赤と青の絵の具を混ぜ紫色を作り、筆で表面に塗っていきます。つまようじをさして塗ると手が汚れません。

❺

30 分〜 1 時間乾かしたら、半分に割ります。

くり

材料・道具

ねんど
水彩絵の具（茶色・黄土色）
歯ブラシ

❶

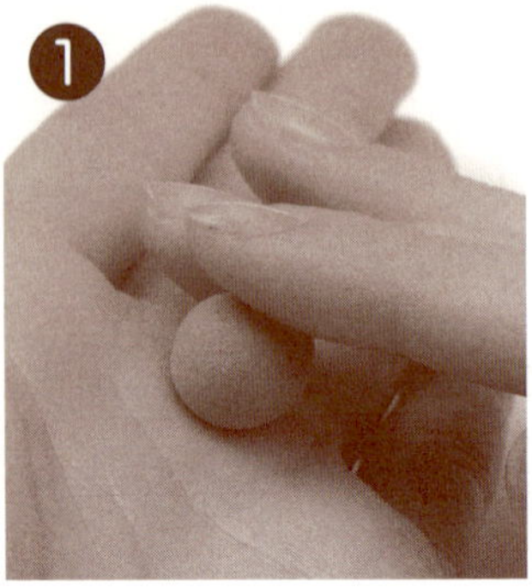

茶色のねんどを作って丸めます。

❷

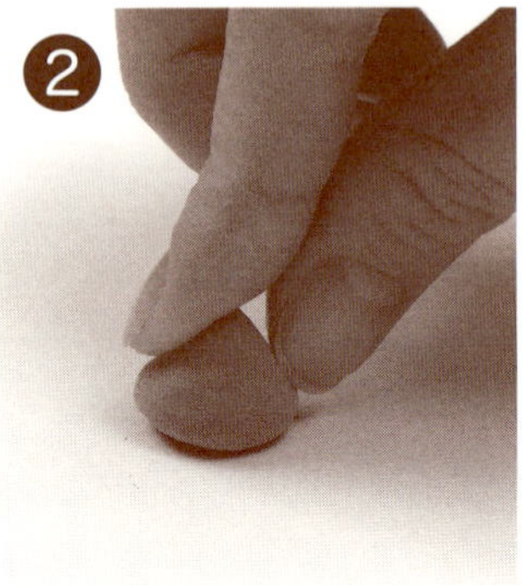

台に置いて、先をつまんでとがらせます。

❸

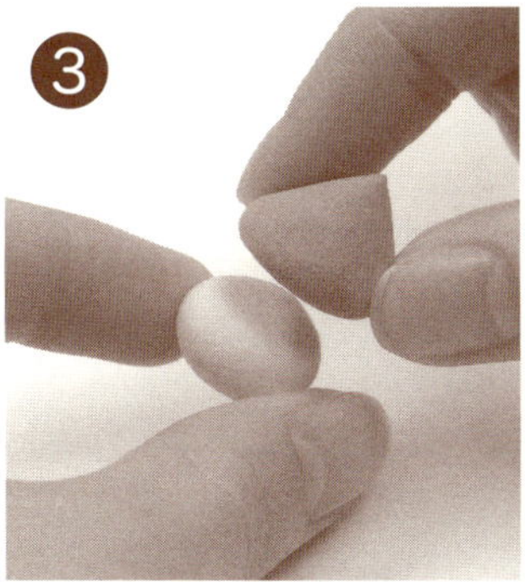

❷よりもやや少なめの量で黄土色のねんどを作ります。丸めてかるくつぶしてから、❷にくっつけます。

❹

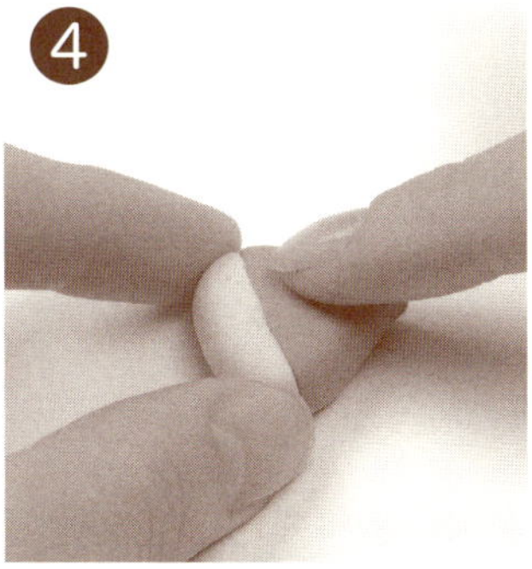

指でなでてなじませ、形を整えます。

❺

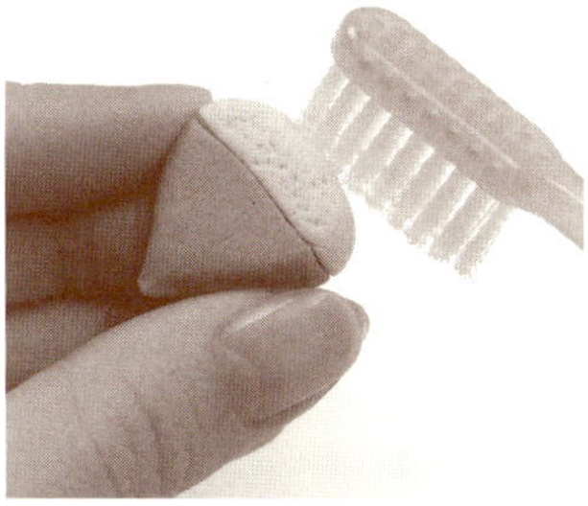

黄土色の部分を歯ブラシでたたき、ザラザラにします。

ぶどう

材料・道具

ねんど
水彩絵の具（赤・青）
色画用紙（黄緑）
はさみ
木工用ボンド

❶

赤と青の絵の具を混ぜて紫色のねんどを作ります。6つに分けて丸めましょう。

❷

まずは3つをボンドで貼りつけます。

❸

その下にふたつ、逆ピラミッド形に貼りつけていきます。

❹

最後のひとつも貼りつけます。

❺

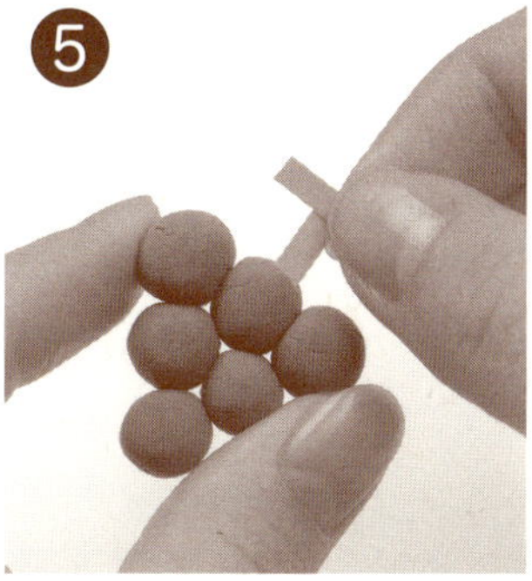

細長く切った色画用紙2枚を、ボンドでT字に貼り、❹にさし込みます。

12月

作り方
（作品は 18 ページ）

リース

材料・道具

ねんど
水彩絵の具（緑）
ビーズ
木工用ボンド
リボン

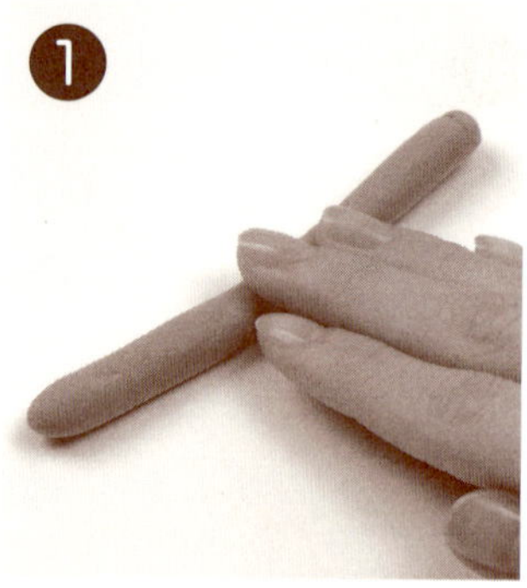

緑色のねんどを作ります。前後に転がし細長く伸ばします。

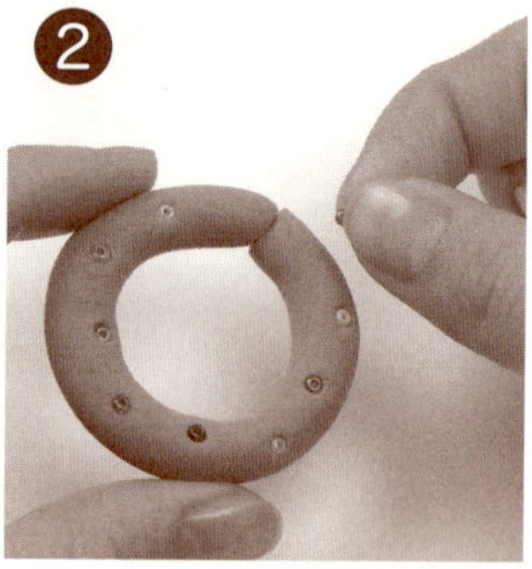

わっかにして、ビーズを埋め込んでいきましょう。

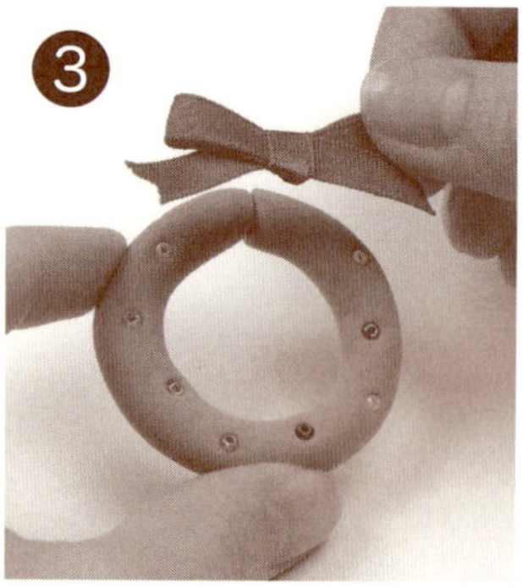

リボンを結んで、ボンドで貼りつけます。

雪だるま

材料・道具

ねんど
水彩絵の具（好きな色）
ビーズ
木工用ボンド

白いねんどで大きさの違う丸をふたつ作ります。ふたつをボンドで貼りつけましょう。

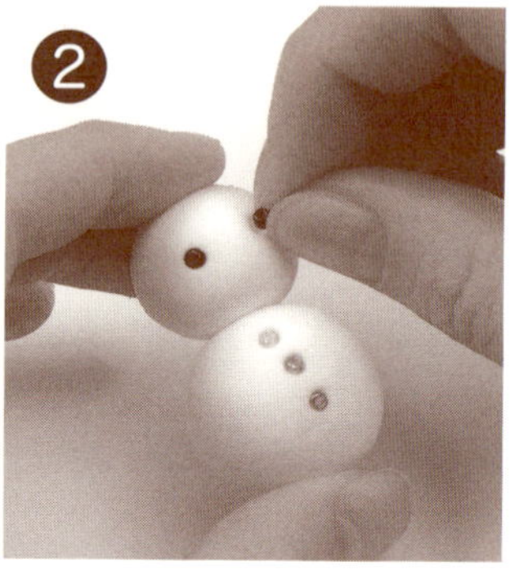

小さい方には目を、大きい方にはボタンを、ビーズで埋め込み作ります。

❸

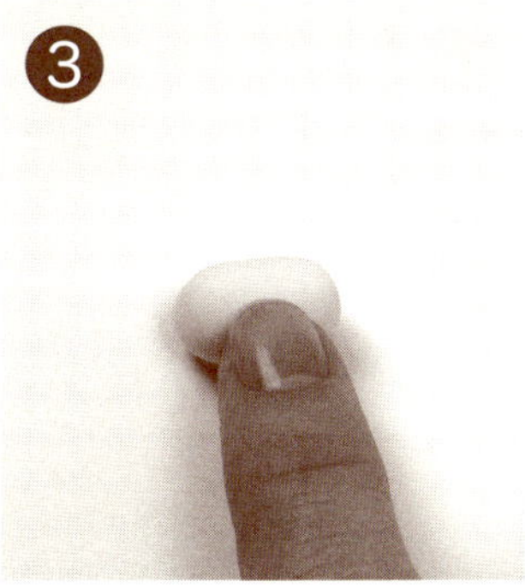

好きな色のねんどを作り、細長くします。

❹

台に押しあてて筒形にし、雪だるまの頭にボンドで貼ります。

ケーキ

材料・道具

ねんど
水彩絵の具（黄土色・赤）
つまようじ

❶

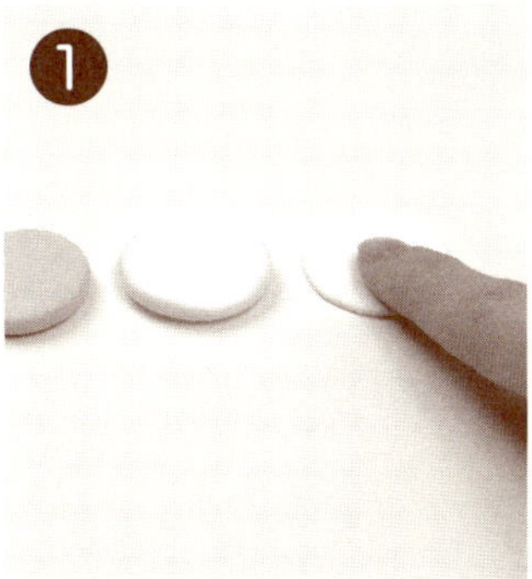

薄黄土色のねんどを作り、ふたつに分けて丸めてつぶします。白でも同じものを１枚、それより薄いものをもう１枚、作っておきましょう。

❷

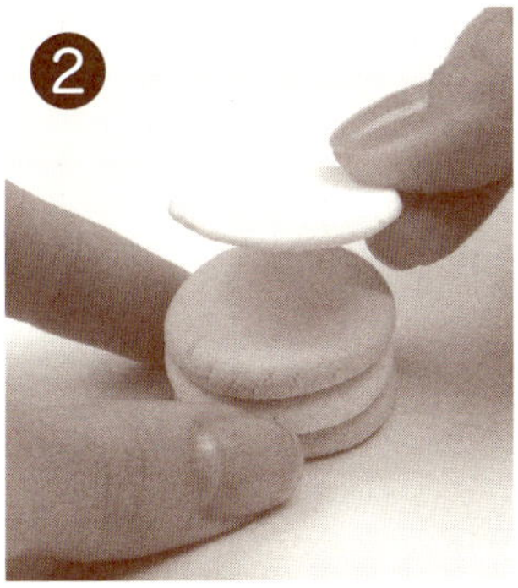

黄土色のねんどで白いねんどをはさみます。一番上に薄いねんどを重ねましょう。

❸

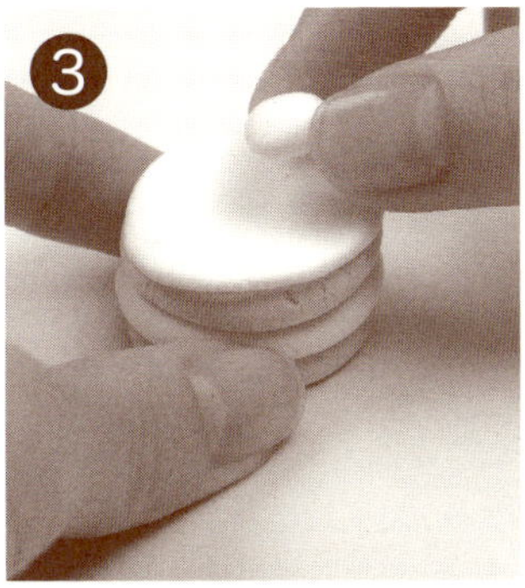

白いねんどで小さな丸を作り、ケーキのまん中にのせます。

❹

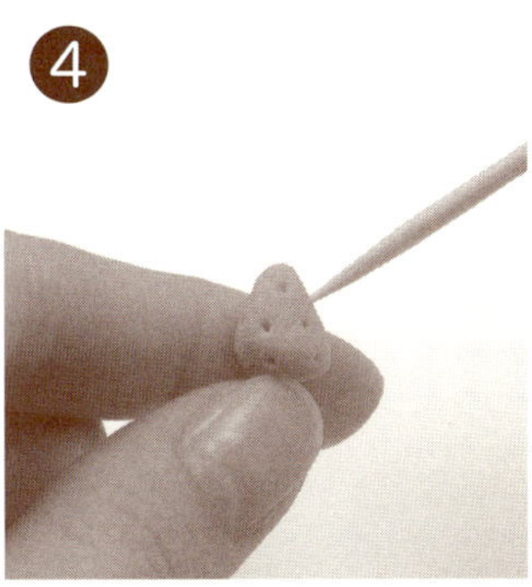

赤いねんどを作って丸めます。つまんで先をとがらせ、つまようじで穴を開けていちごを作ります。

❺

❸の上にいちごをのせれば、できあがりです。

1月 作り方 （作品は 20 ページ）

かがみもち

材料・道具

ねんど
水彩絵の具（赤・黄色）
つまようじ
木工用ボンド

❶
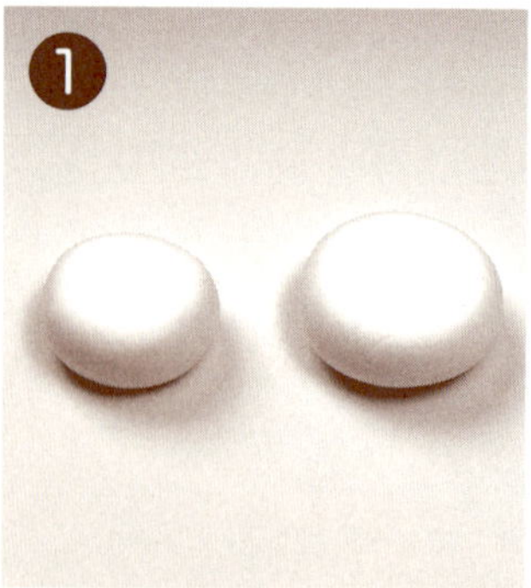

白いねんどで大きさの違う丸をふたつ作ります。かるくつぶしておきましょう。

❷
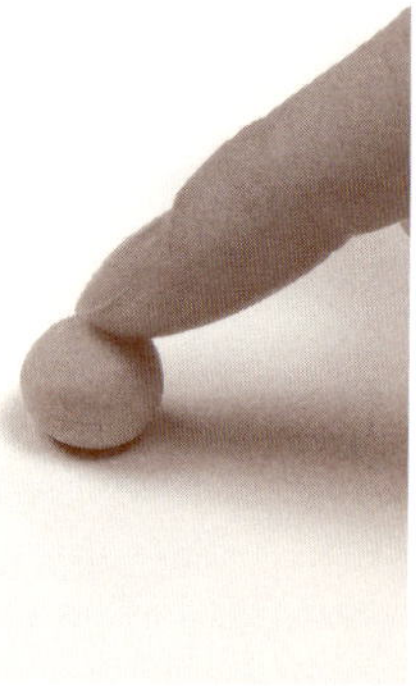

赤と黄色の絵の具を混ぜてオレンジ色のねんどを少量作り、丸めます。

❸
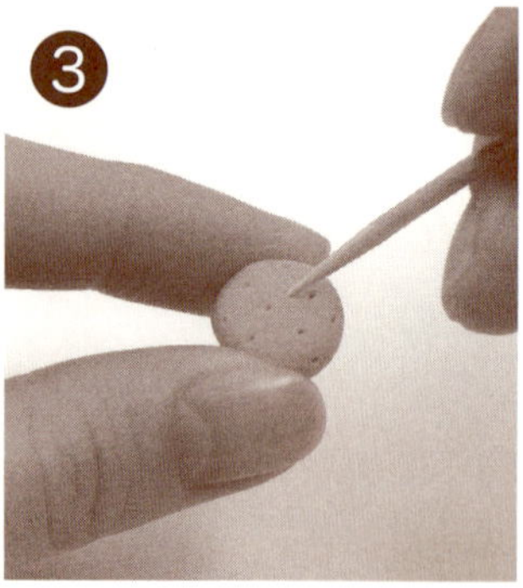

つまようじでまわりに穴を開けて、だいだい（※）を作ります。

❹

もちを２段に重ね、上にだいだいをボンドで貼りつけましょう。

※「だいだい」とはミカン科の常緑小高木で、果実は“代々栄える”という語源から、縁起物としてかがみもちの飾りとされます。

はごいた

材料・道具

ねんど
水彩絵の具（黄土色・黒）
色画用紙（３色）
はさみ
へら

❶
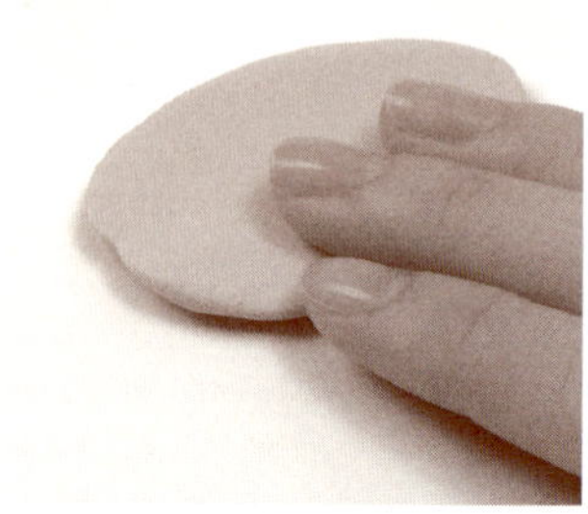

黄土色のねんどを作ります。丸めてから、平たくつぶします。

❷
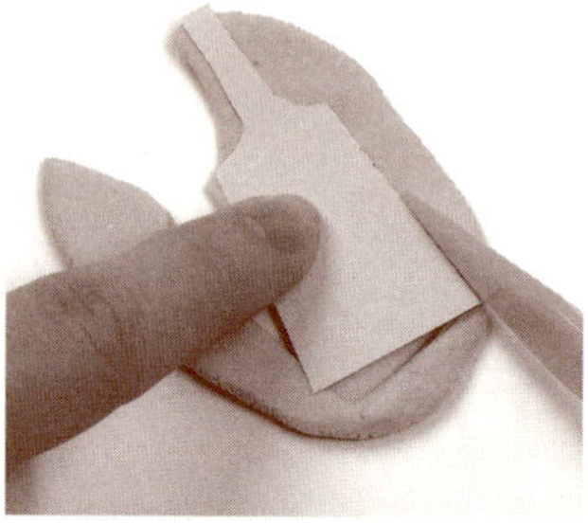

へらではごいたの形に切りましょう。型紙を作っておくとかんたんです。

❸

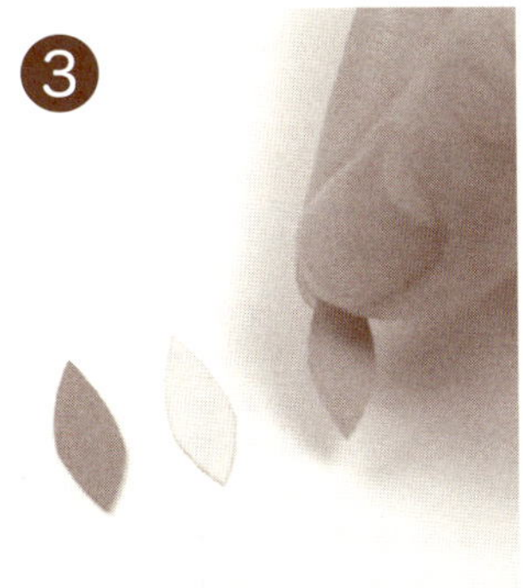

3色の色画用紙を葉っぱの形にはさみで切り取ります。

❹

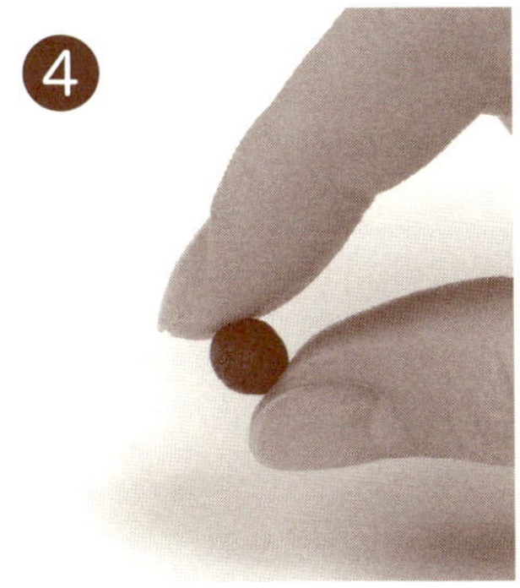

黒いねんどを少量作り丸めます。

❺

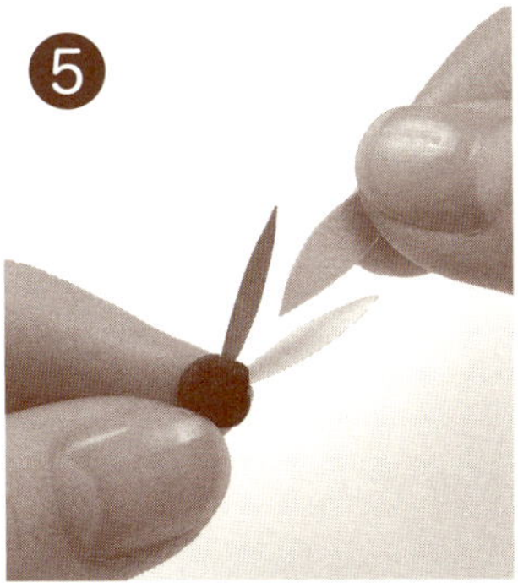

❹に❸をさしましょう。

てぶくろ

材料・道具

ねんど
水彩絵の具(好きな色)
へら
ひも
木工用ボンド

❶

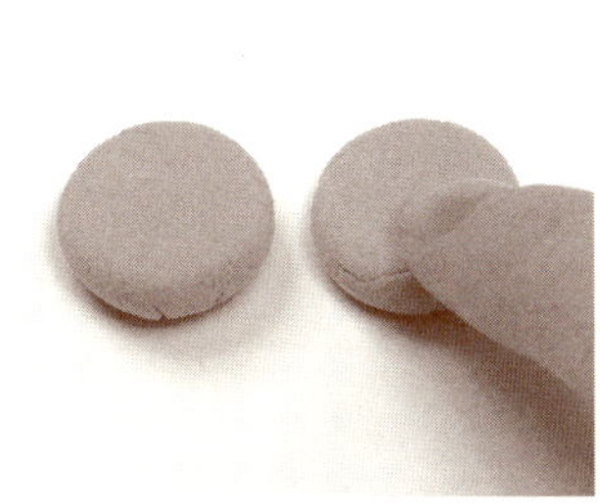

好きな色のねんどを作ります。ふたつに分けて丸め、つぶします。

❷

下の方をへらで切ります。

❸

へらで切り込みを入れ、親指の部分を作ります。

❹

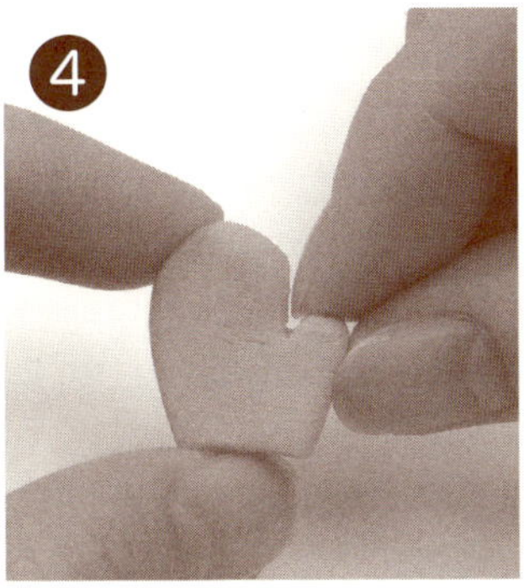

丸くなるよう指で形を整えます。

❺

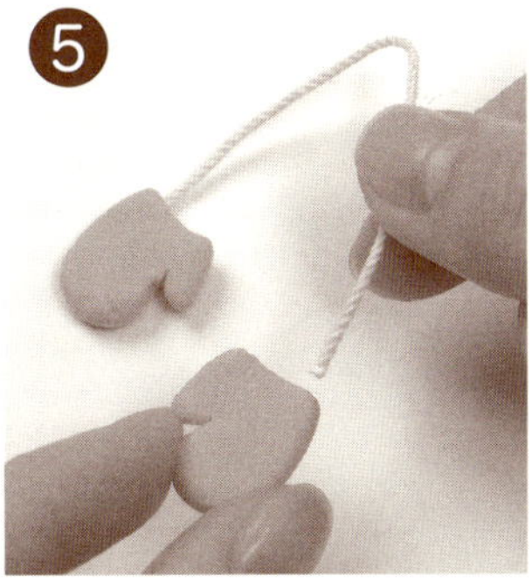

ひもをボンドでつけます。親指が内側になるよう気をつけましょう。

2月

作り方 (作品は 22 ページ)

おに

材料・道具

ねんど
水彩絵の具 (赤・茶色・黄色)
木工用ボンド
へら
ペン (黒)

❶

赤いねんどを作ります。少量を取り、小さな丸を３つ作ります。

❷

残りを丸め、平たくつぶします。

❸

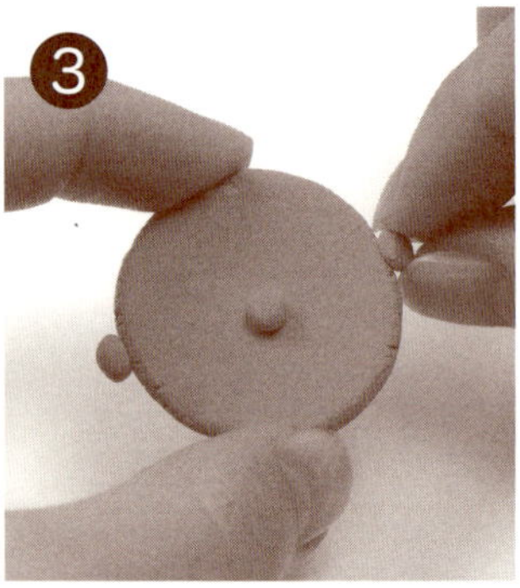

❶で作った丸をまん中にひとつ、両側の端にひとつずつボンドで貼りつけます。

❹

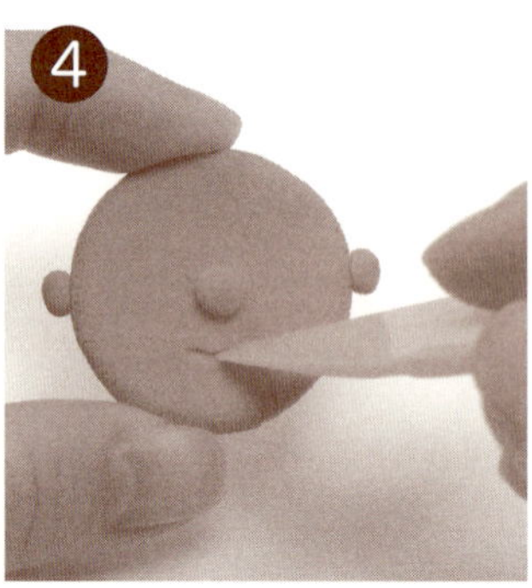

鼻の下にへらで口を描きます。

❺

茶色いねんどを作り、小さな丸をたくさん作ります。

❻

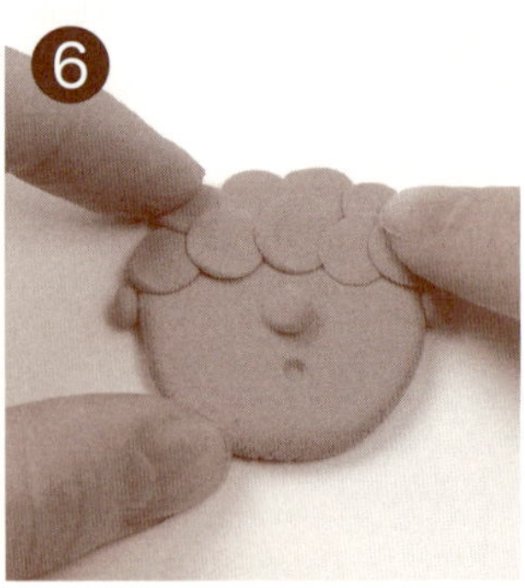

❺のねんどを頭に、つぶしながらつけていきます。

❼

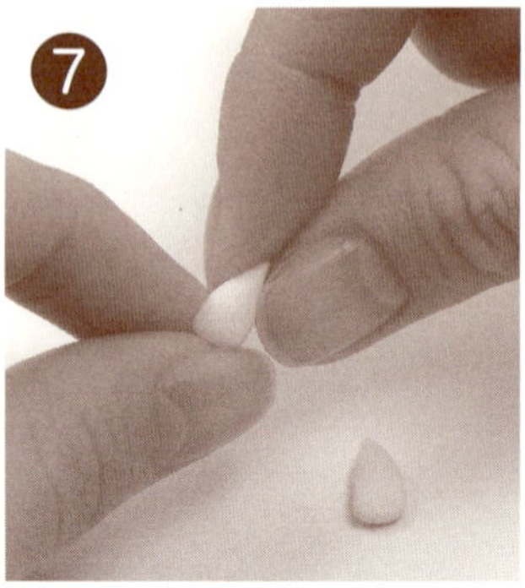

黄色いねんどを作ります。円すい形の角をふたつ作り、頭にボンドでつけましょう。

❽

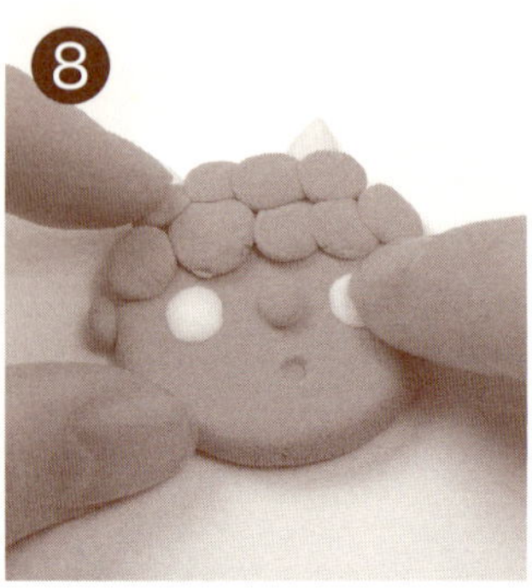

白いねんどで小さな丸をふたつ作り、目の部分に置いてつぶします。

9

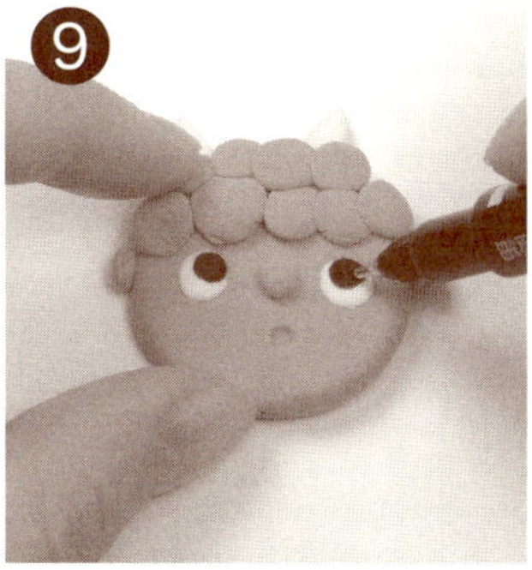

乾いたら、ペンで黒目を描きましょう。

まめ

材料・道具

ねんど
水彩絵の具(黄土色)
へら
木工用ボンド

1

黄土色のねんどを作ります。丸めてかるくつぶします。

2

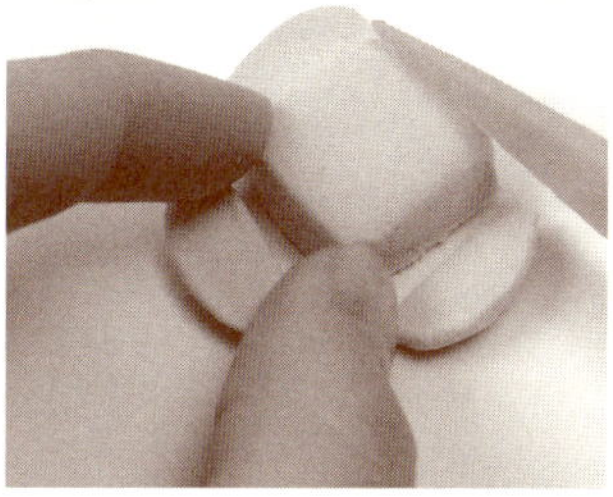

へらでまわりを切り落とし、四角にします。

3

切り落としたねんどで、小さな丸をたくさん作ります。前後に転がして、細長くしましょう。

4

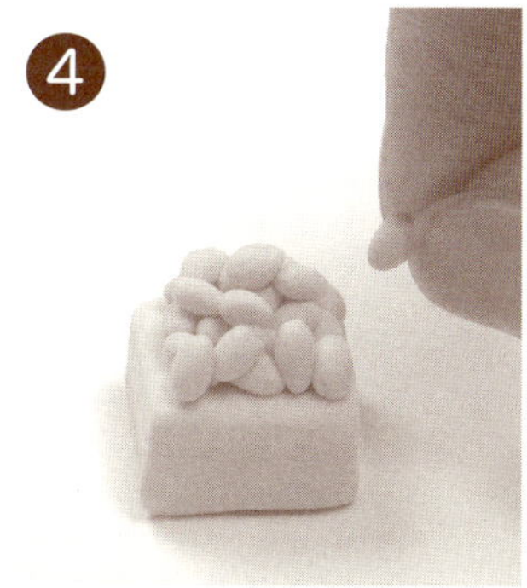

ますの上に❸のまめをボンドで貼りつけていきます。

3月 作り方 （作品は 24 ページ）

ひなにんぎょう

材料・道具

ねんど
水彩絵の具（黄土色・黒・黄色・赤・青）
折り紙（和紙があるとよい）
はさみ・木工用ボンド
へら・ペン（黒）

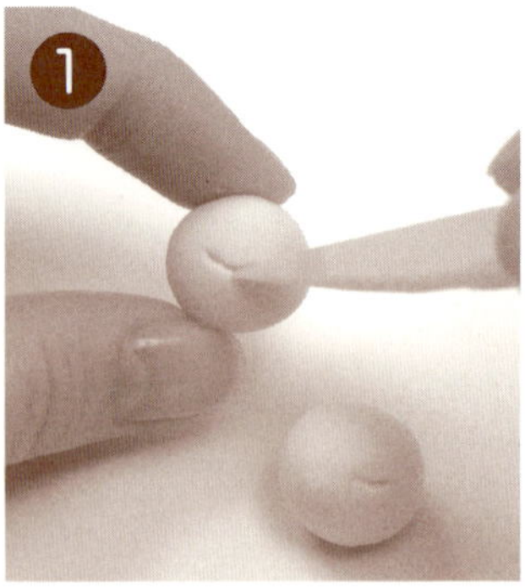

薄黄土色のねんどを作ります。ふたつに分けて丸め、へらで口を描いておきます。

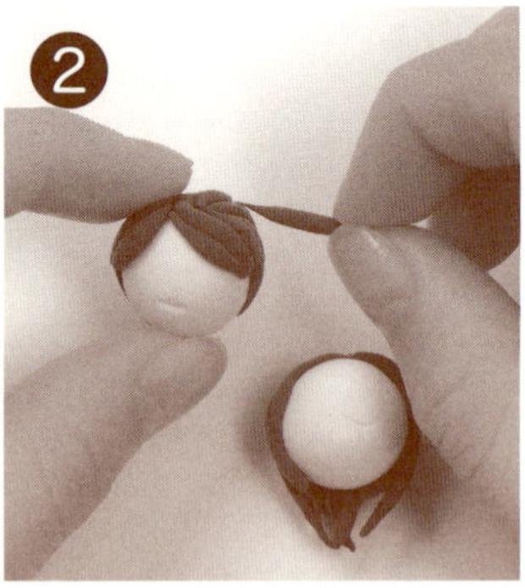

黒いねんどを作ります。ひも状に伸ばしたものをたくさん作り、それぞれの頭につけていきます。

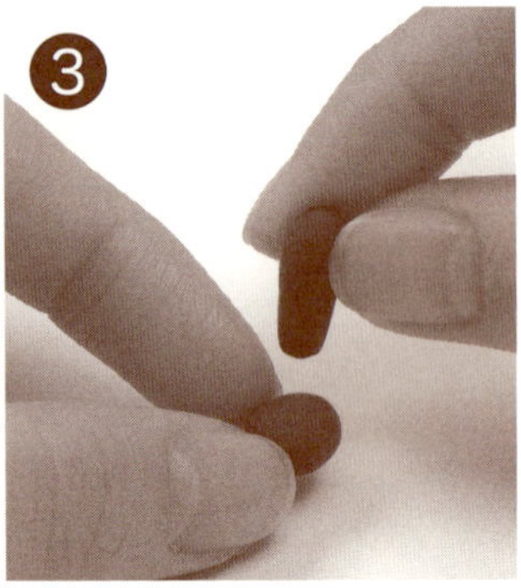

黒いねんどで丸をふたつ作り、ひとつはかるくつぶし、もうひとつは細長くします。ふたつをボンドで貼り、おだいりさまの頭につけます。

黄色いねんどを作って丸め、おひなさまの頭にボンドで貼りつけます。

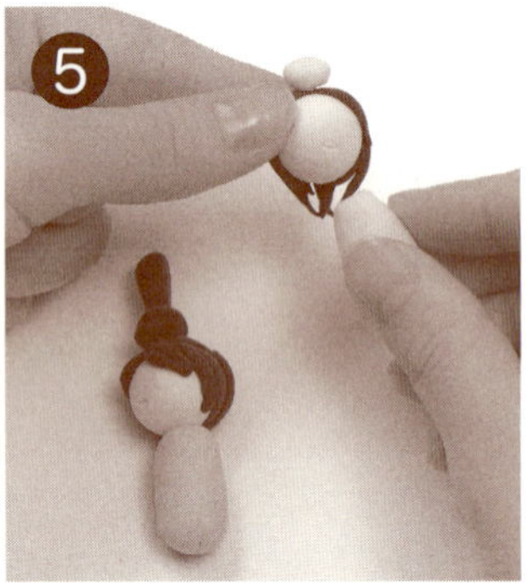

ピンクと水色のねんどを作り、細長く丸めます。これをそれぞれの頭にボンドでつけましょう。

折り紙をはさみで長方形に切り、長い辺の片方を少し折り返しておきます。

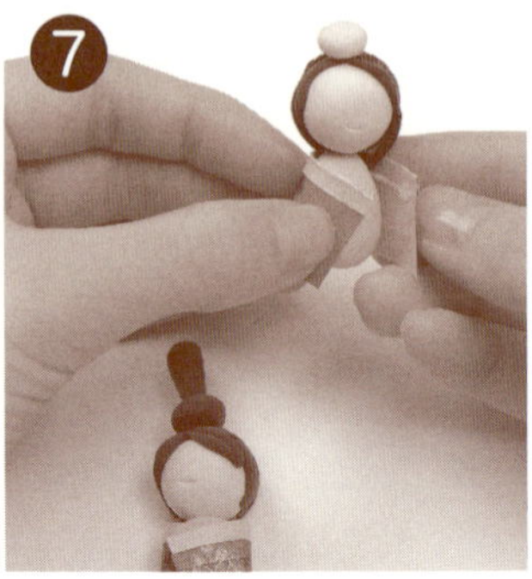

折り返した部分が上になるようにからだに巻きつけ、ボンドでとめます。着物の右手側が下になるよう気をつけましょう。

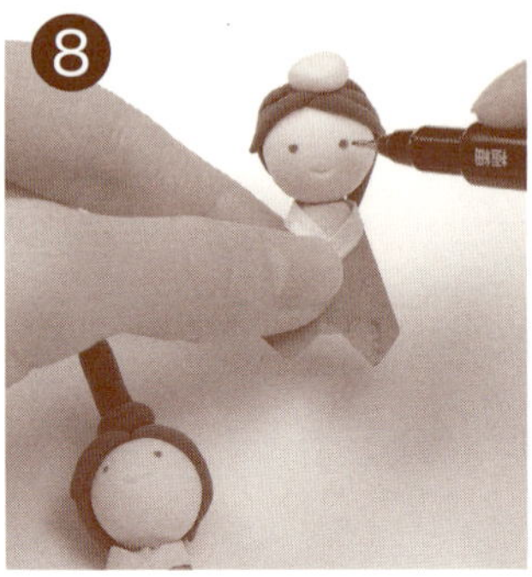

ねんどが乾いたら、ペンで目を描いて、できあがりです。

ひしもち

材料・道具

ねんど
水彩絵の具(赤・緑)
へら

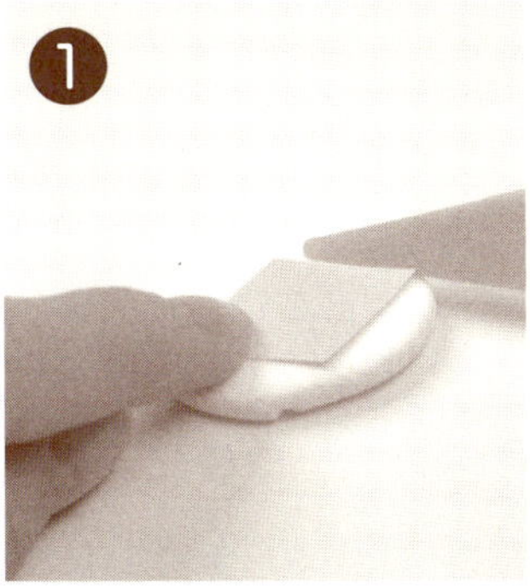

白いねんどを丸めてつぶし、へらでひし形に切ります。型紙を作っておくとかんたんです。

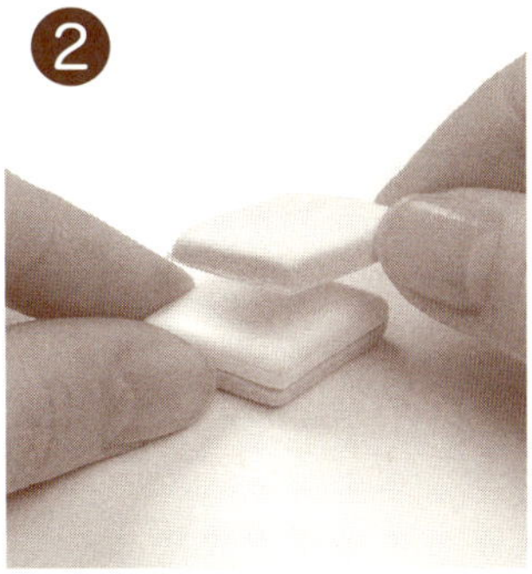

❶と同量のピンクと薄緑のねんどを作ります。同じようにひし形に切り、白をはさんで重ねましょう。

ひなあられ

材料・道具

ねんど
水彩絵の具(赤・黄色・黄緑)
折り紙

ピンク、薄黄色、薄黄緑のねんどを作ります。白いねんども用意します。

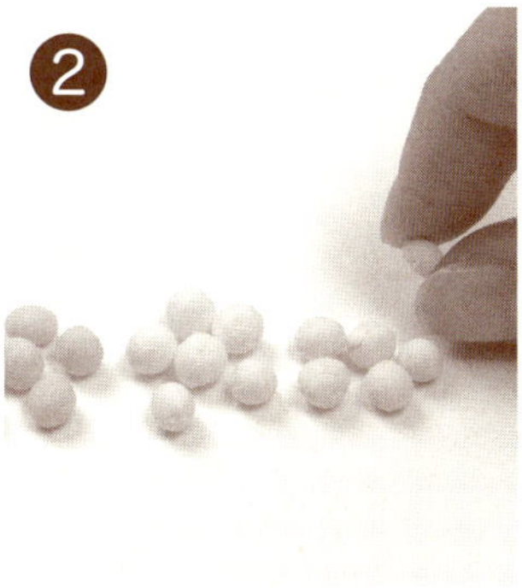

それぞれのねんどで小さな丸をたくさん作ります。

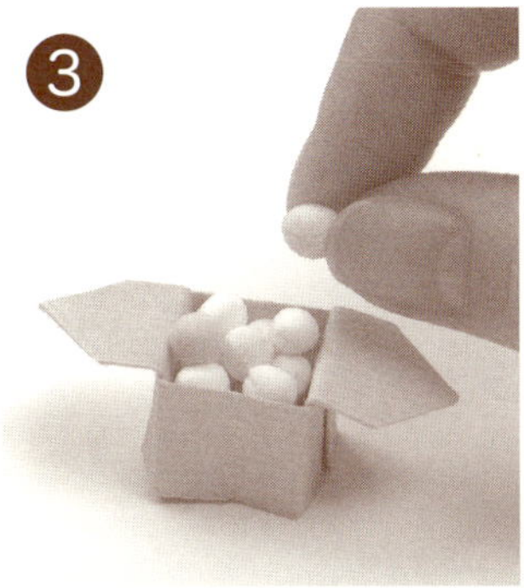

小さな折り紙で箱を折り、❷を入れます。

作り方（作品は 21 ページ）

お店

材料・道具

ティッシュの空き箱
両面テープ or のり
色画用紙 or 折り紙
はさみ

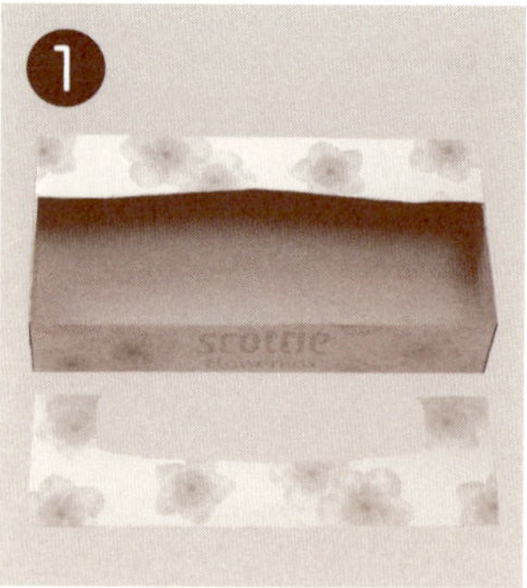

ティッシュの空き箱を写真のように切ります。

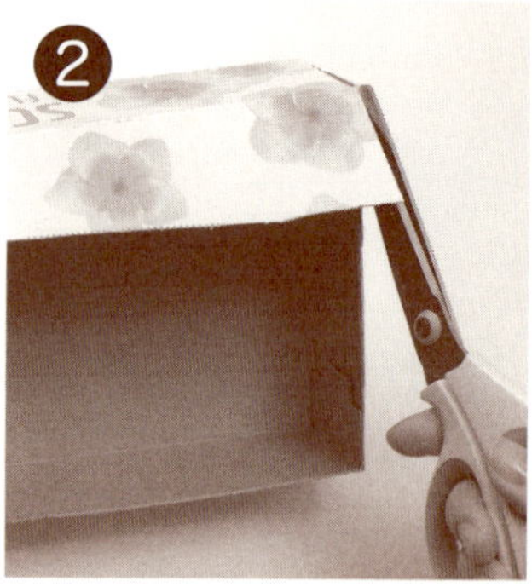

写真のように、切り込みを２カ所入れ、ひさしにします。

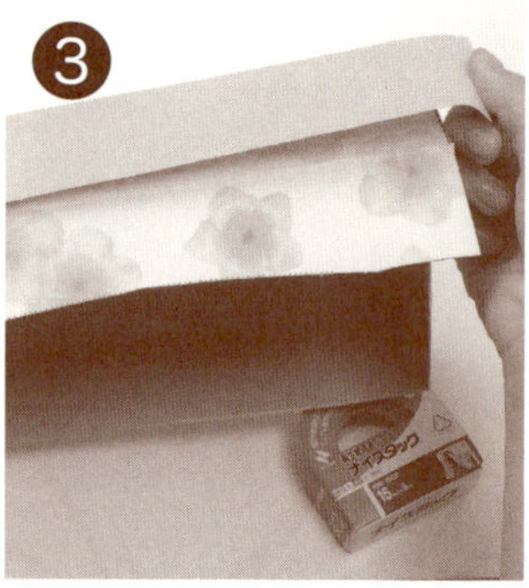

箱全体に色画用紙や折り紙を貼ります(内側は貼らなくてもOK)。のりでもいいですが、両面テープの方がきれいに貼れます。

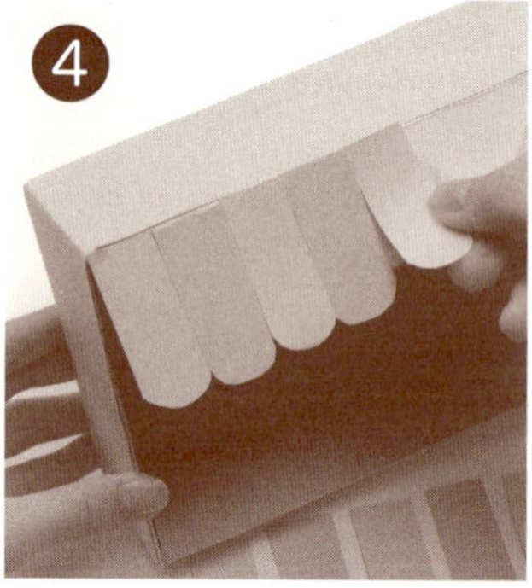

２色の色画用紙や折り紙を細長く切って、ひさしになる部分に交互に貼っていきます。

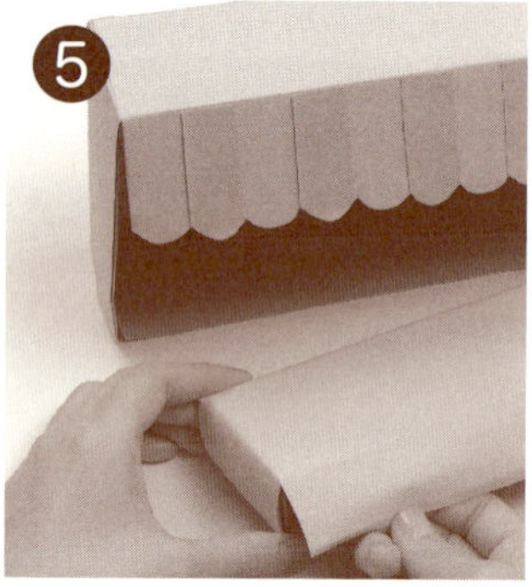

お菓子やティッシュの箱に色画用紙や折り紙を貼り、作品を置く台にします。

トング

材料・道具

厚紙
折り紙(銀)
両面テープ or のり
はさみ

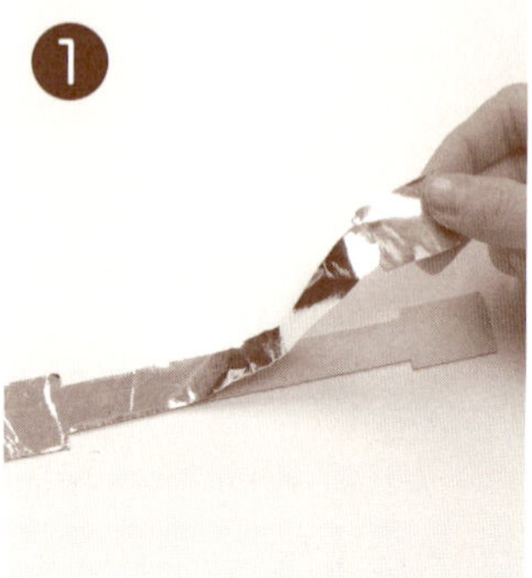

厚紙を写真のように両端を太めに切り、片面に銀の折り紙を貼ります。

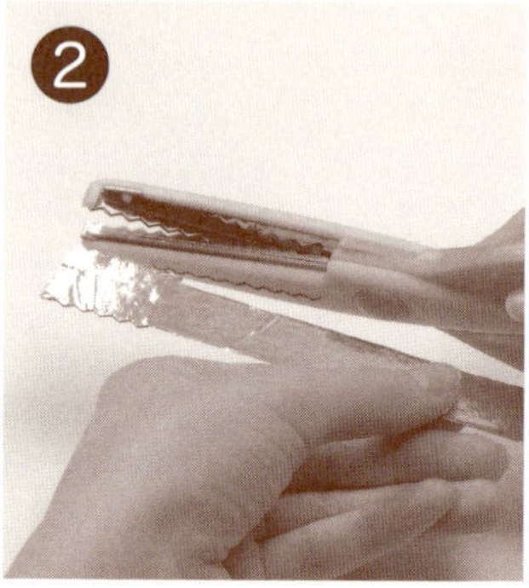

両側の端ををギザギザに切ります。ギザ刃のクラフトばさみがあれば、かんたんです。

③

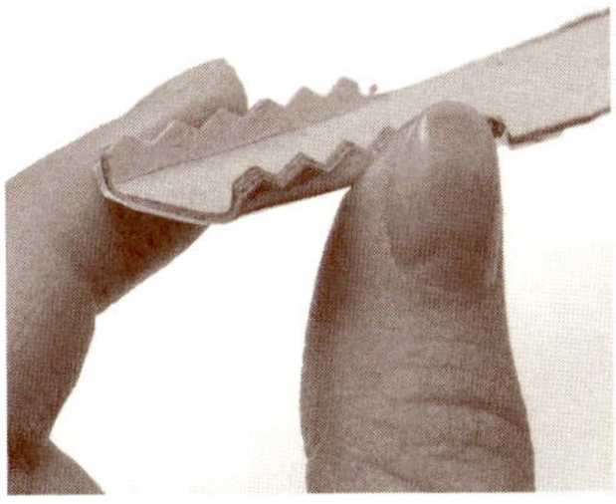

ギザギザに切った部分を内側に曲げます。

④

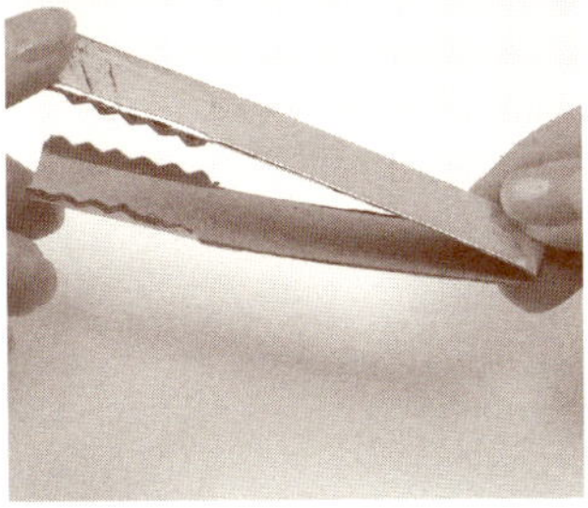

全体を半分に折り曲げます。

トレイ

材料・道具

画用紙
両面テープ or のり
はさみ

※お弁当箱（14 ページ）

①

画用紙を長方形に切ります。

②

同じ幅で四辺を折っていきます。

③

写真のように 4 カ所に切り込みを入れます。

④

立ち上げて箱形にし、両面テープやのりで貼りつけましょう。

NENDONO-SYURUI

ねんどにはこんなに種類があります

手芸店や画材店に並ぶさまざまなねんど。それぞれ特性が違いますが、同じ種類でも商品によって使いやすさやできあがりに差が出ます。
初めてのときこそ、その子どもに合ったよい商品を選んであげてください。

軽量ねんど

この本で使っているねんど。軽くてやわらかく、小さなお子さんでもこねやすい材質です。なめらかなので、絵の具を混ぜてから形を作ってもきれいに仕上がります。

紙ねんど

パルプからできていて、繊維が感じられるものが多いです。乾燥させてから絵の具を塗り、ニスで仕上げるといいでしょう。

石粉ねんど

石を砕いた粉からできています。乾燥させてから、やすりをかけたり、彫刻刀で形を変えたりできます。

オーブン陶芸用ねんど

オーブンで焼くことができるので、気軽に陶芸を楽しめます。

樹脂ねんど

きめ細かく透明感があり、壊れにくいです。紙のように薄く伸ばしたり、細かい表現をしたりできるので、ミニチュアを作るときに向いています。

小麦粉ねんど

小麦粉が入っていて、そのままだと黄色っぽい仕上がりになります。絵の具で着色しやすく、コシが強いので、細かい作品も作れます。

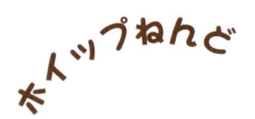

コルクねんど

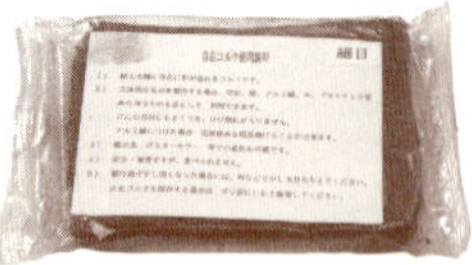

コルクの粉からできています。乾いてからも弾力があります。

ホイップねんど

生クリームそっくりでやわらかく、絞り出してデコレーションできるねんどです。

油ねんど

ほとんど固まらず、くり返し遊べるので、未就学児童の指導に使われることが多いです。

カラー油ねんど

クレイアニメーションで使われることが多い、固まらないねんどです。

カラー小麦ねんど

小麦粉からできている色のついたねんど。ケースに戻せば、くり返し遊べます。

ブロンズねんど

乾燥後、布でこするとブロンズのような光沢が出ます。

HOKANNO-HOUHOU

遊んだあとは…こんなふうに保管しましょう

ねんどの袋を開けたら

・使わない分はラップに包んだり、ビニールに入れたりして、なるべく空気に触れないようにしましょう。うまく保管すれば数カ月使えます。

作っているときにねんどが固くなってきたら

・軽量ねんどはあつかいやすいですが、乾くのも早いです。
時間がかかってしまいあつかいにくくなってきたら、水を混ぜてやわらかくするといいでしょう。

・表面にヒビが入り気になったら、少し水をつけてなでるとなめらかになります。

絵の具を混ぜたら

・色を混ぜた直後に使わない場合は、ウェットティッシュやラップに包んでおきましょう。

・絵の具の量が多いと、ねんどがボソボソしてまとまりにくくなることがあります。絵の具は少しずつ、様子を見ながら混ぜましょう。

作品ができたら

・１日乾燥させると固まり、ほとんど壊れることはありません。

・乾燥したあとに細かい部品が取れてしまったら、ボンドでもう一度つけましょう。

持って帰るときは

・園などで作った作品を持ち帰るときは、完全に乾燥させてから、小さめのケースに入れましょう。
タッパーウェア、空き箱や缶を持参してもらってもいいでしょう。

飾りましょう

・一度できた作品は、色や形がほとんど変わりません。
大切に飾りましょう。

・ほこりをかぶらないように、アクリルケースに入れて飾ってもいいですね。

しまっておくには

・季節に合わないもの、しまっておきたいものは、壊れないようにケースに入れて保管しましょう。

・仕切りのある工具入れやビーズ入れは、ミニチュア作品を入れるのにぴったりです。

ねんドル
岡田ひとみの
tsubuyaki

衣装を着るということ

ねんドルになろうと決めたとき、
まず探したのは衣装でした。
東京、合羽橋の道具街で既成のピンクのコック服を買い、
スカートと合わせてアレンジして……。
撮影やイベントではもちろんですが、ラジオに出演するときも、
控え室がないときも、必ず着替えて変身しているのです。
今では自分でデザインしたオリジナルの衣装も10着以上になり
定着しましたが、私も10歳年を重ねました。そろそろ厳しいかなと
思わなくもないですが（笑）、衣装のおかげで縮まる子どもとの距離が
あります。そして着ることで入る自分のスイッチがあります。
衣装で魔法をかけているのは、
そう、子どもだけではないのです。

油ねんどと想像力

「ねんど」と聞いてほとんどの人が思い浮かべるのが“油ねんど”。
あの独特な匂いや感触は、きっと記憶の中にあることでしょう。
そのイメージのせいか「汚れるから家でねんどで遊ぶと怒られるの……」
という声をよく耳にします。
さまざまなものが自動ででき、ボタンひとつで快適になり、
人も部屋も無臭にできる……生まれたときから存在感の薄いものに
囲まれている子どもたちの感性は、どこで育まれるのでしょうか。
汚れる遊びさえも奪ってしまったら……。
おいしそうなケーキ！ と、油ねんどや砂場でおままごとしたあの頃、
私たちは天才でしたね。
子どもたちは灰色の材料で、
七色の世界が見えるのですから。

エコロジーを考える

ねんどを始めてから、私の家ではゴミが減りました。
薬の錠剤が入っていた透明な入れものはお皿になるし、
ガムシロップのカップはバケツになるし、
お菓子の箱はおうちになるし……身のまわりにある廃材が
最良の材料に生まれ変わってしまうからです。
なかでも制作にぴったりなものがペットボトルのふた“ボトルキャップ”。
数年前、子どもや各界でご活躍の方々にご協力していただき、
ボトルキャップを使った作品展を開催したのですが、
私も想像できないようなおもしろい作品がたくさん生まれました。
そこでみなさんに感じてほしかったのは、
リサイクルや廃棄の問題だけではありませんでした。
毎日のように触れるもの、それはどう生まれてどう捨てられていくか
ふだん気にとめていないことに目を向けてほしかったのです。
もういちどものと向き合うことで、これまでのこと、
これから必要なことが見えてくるのではないか。
そう願って今日もしています、
ゴミとにらめっこ。

ねんどで育てる食育

人は毎日食事をします。そんなあたりまえの作業だからこそ、
向き合う時間は意識しないと生まれないでしょう。
私はねんど教室で食べもののミニチュアの作り方を教えているのですが、
そのときに必ず、作るものについてのお話をします。
歴史、語源、栄養素、ことわざ、旬……大好きなねんどと組み合わせると、
子どもたちは、より興味を持って聞いてくれるのです。
また、作ることで洞察力が芽生え、本物の食材や料理の視点も変わるようです。
トマトのへたのギザギザの数、焼くと変わる魚の色……。
食べたり料理したりするだけでは必要ないことも、
制作には重要なポイントなのですから。
この言葉が使われ始めてもう何年も経つのに、
なかなか浸透していかない「食育」。
まずは子どもの好きなものからつなげていくのは
いかがでしょうか。

まずはねんどでふれあおう！

油ねんどで楽しいゲーム大会

作品を作る前に、ねんどの楽しさを知ってほしい！
まずはねんどに親しんでもらえるように、かんたんにできるゲームをご紹介します。
チームで競争するのも盛り上がるので、子どもどうしの仲を深めたいときにもおすすめです。
うまくいかない子どもには、長くするには切れないように力加減をすること、高く積み上げるには土台をしっかり作ることなど、ヒントを伝えましょう。

にょろにょろへびさん

だれが一番長く作れる？

★転がしたり
手をこすり合わせて
伸ばしたり……

がんばれー！

まけないぞ〜

私だって！

どっちが長い？

伸ばしたねんどで文字を書いたり、絵を描いたりしてみましょう！

わっかゲーム！

切らずに大きな穴を作れるのは？

★伸ばしたねんどをわっかにして……

おもしろそう

向こうがよく見えるよ

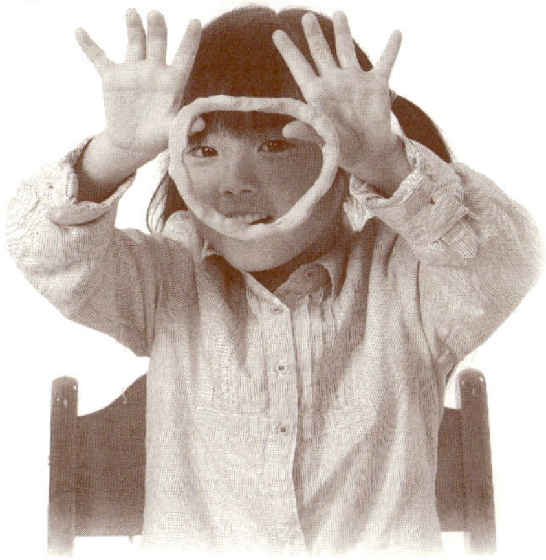

こんなのもできた！

★小さな穴だとドーナツ！　大きな穴だと首飾りみたいになりますよ！

チームで競争！

どっちが高く積み上げられる？

★下を大きく、しっかり作るとたくさん積めますよ！

わぁ、すごい

ヤッター！

高くできたら、土台に穴を開けてみましょう！　トンネルができるかな？

ねんどで人形劇

割りばしなどの棒をボンドでつければ、
いつもとはちょっと違うペープサート
遊びができますよ。

影絵遊びもできますよ。
参観日などに
いかがでしょう。

こいのぼり、おに、ケーキやひまわりなどで
作ってもかわいいですね。
楽しいお話をみんなで考えましょう。
ねんど劇場の、はじまりはじまり！

ねんど絵本を作ってみよう

作品を写真に撮って紙に貼り、ストーリーを書き込んで絵本を作ってみましょう。
撮影は演出が大事！
布や紙を敷いたり、外へ出て土や芝生に作品を置いたりしてもおもしろいですね。
おしゃべりな長ぐつ、真夏の雪だるま……。
子どもたちの自由な発想を、大切にしましょう。

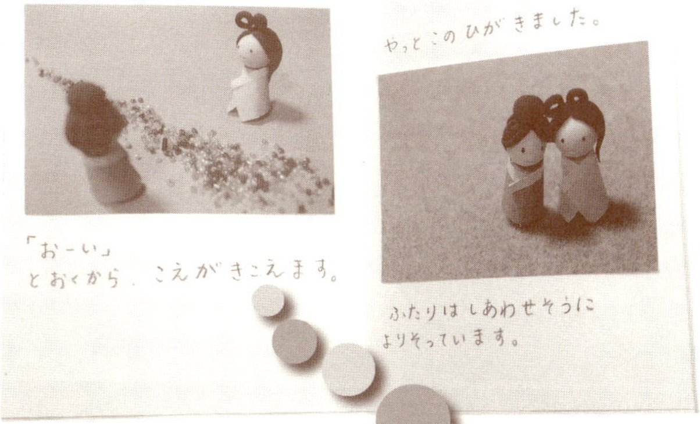
やっとこのひがきました。
「おーい」
とおくから、こえがきこえます。
ふたりはしあわせそうに
よりそっています。

作品に思い切って
レンズを近づけて
撮りましょう。

カラフルなビーズを天の川に見立て、
色画用紙の上で撮影しました。

子どもの可能性

今までさまざまな施設でねんど教室を行ってきましたが、そのほとんどが一期一会、大勢を一度に教え、年齢もバラバラ。うまくまとまるのかな？　と心配される方もいらっしゃると思いますが、だからこそ生まれるものがたくさんあります。
私の教室ではあえて人数分の道具を準備しません。ゆずり合うよう、順番に使うようにうながすと、小さな子に取ってあげたり、初めて会った子どうしでゆずり合ったりしています。「さっき一番最初に使った子は、次は待っていた子に先に使ってもらおうね」と声をかけると、いつもならまっ先に自分の分だけ取る子も、順番を待ってくれたりするのです。また、多世代交流を持てる場が少ない昨今ですが、子どもが大人に教えてあげている姿も見ることができます。
そして“子どもは数十分しか集中力が持たない”と言われていますが、作り始めると、３歳の子でも２時間席を立ちません。信じてあげると、きっとできることが増えるんですね。

ねんドル
岡田ひとみの
taikendan

力を合わせてステキな作品を
～“みんなの森”作り～

協力する大切さ、できあがる喜び……
みんなで力を合わせて行う作品作りには、他にはない喜びがあるでしょう。
ここで、私が小学校の全校生徒と一緒に完成させた作品をご紹介します。

協力してくれたのは群馬県にある我が母校。
生まれ育った山のこと、失われつつある自然のことを感じてほしいと思い、
“みんなの森”を作ることにしました。
全校生徒140人と、１日かけて挑戦です。

私が森を作り、子どもたちには動物を作ってもらいます。
まずは全員にかんたんな猫の作り方を指導し、感覚がつかめたところで本番です。

“会ってみたい生きもの”をお題とし、「実在しなくてもいいし、どんな色でもいいので、その生きものの性格や好きな食べものを想像して作ってね」と伝えました。

１年生は作りたいものを絵に描いてきてくれました。

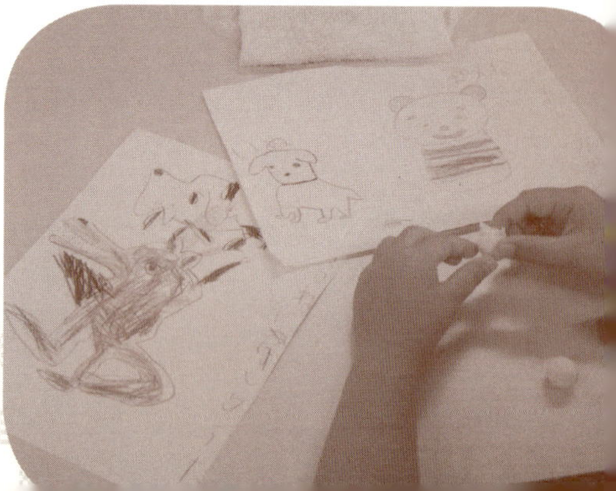

低学年の子どもはワクワクしながら制作していて、できあがるのも早い！
高学年になるにつれて細かい表現もできるようになりますが、
「上手に作りたい」「見本が見たい」という意見が増え、
“みんなの中にいる自分”を意識している姿が見えてきます。

撮影　中井川俊洋・内田英一

みんな真剣そのもの。１時間もしないうちにできあがりました。

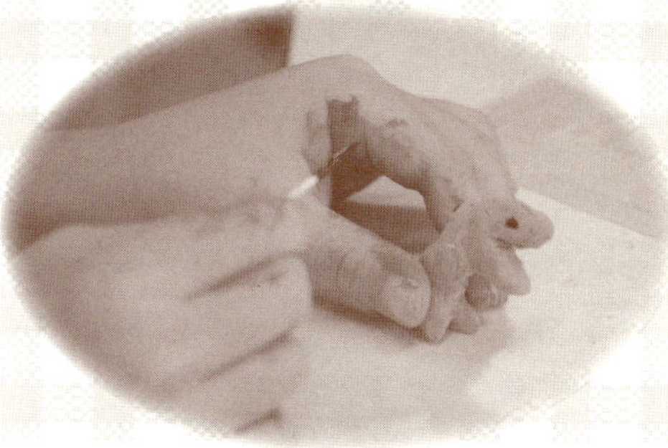

ここからさまざまなストーリーが始まる……
みんながひとつになって、生き生きとした
すばらしい作品が生まれました。

私が制作したジオラマの森に飾って完成！

この“みんなの森”のように、本書にのせたレシピを発展させて、みんなでカレンダーを作ったり、理想の街やレストランを作ったり……。自由な発想を、ぜひひとつにまとめてみてください！

★あとがき★

“ねんど”は私にとって魔法の道具

“テーブルの上に盛り上がっている果物”。小学生の頃、教科書に書いてあるその文章の説明を求められたときに「わいわい楽しそうにしている」と答えて、先生が無言になったのを覚えています。
大人になった今も、醤油さしと小皿を見たら「この２人はどんな会話をしているのかな」と空想してしまう私の目には、そのときもパーティーをしている果物が見えてしまったのです。
もちろんそれはまちがい。
そんな不正解が活かされる遊びが、もの作りでした。

当時私が一番好きな遊びは“ねんど”でした。母の真似をしてねんどのケーキを作ったり、お小遣いで買えない憧れのドールハウスを作ったり……思い描いた世界や、ほしいものが作れる“ねんど”は、私にとって魔法の道具だったのです。

将来の職業を決めたのは小学４年生のときでした。ディズニーランドの舞台を観てエンターテイナーになる夢を抱き、そこからはもう真剣です。猛反対する両親を説得するのには長い時間がかかりました。
空想が得意な私には、成功した自分の姿がはっきり見えていました。
何の力もないのに、なぜかなれるという自信だけを持ち続けて…。

内緒で受けたオーディションをきっかけにデビュー。その後はやる気だけで突き進み、学業との両立は大変ながらも仕事を楽しんでいたのですが、好きなだけでは進めない壁がありました。

「今やっていることは、私でなければならない仕事なのだろうか？」と思い悩み、挫折したのは二十歳の頃。
そのとき人生を振り返って、自分の好きなこと、得意なこと、そして、小さな頃からの夢を組み合わせて生まれたのが『ねんドル』でした。天職がないので作ってしまったのです。

私の夢のきっかけが“ねんど”だったように、子どもたちひとりひとりに合ったなにかが、きっとその子の身近にあるはずです。

どうか子どもたちをたくさんほめてあげてください。
その子に合ったものをみつける手助けをし、その子の背中を押してあげてください。
小さな、ちょっとした輝きを見逃さないでください。
子どもに寄り添い、育てること、それは世界の色を美しく変える一番の近道なのですから。

ねんドル 岡田ひとみ

Profile

ねんドル 岡田ひとみ

ラジオのオーディション番組で芸能界デビュー後、自分の個性を生かした道を歩みたいと、幼児期から得意だったねんどを活かした活動を目指し、2002年に「ねんドル」（ねんど職人＋アイドル）を宣言。食育や教育学を学ぶなど幼児教育にも熱意をそそぎ、子ども向けのメディア中心に出演、国内外でワークショップを精力的に開催している。2011年に日本記念日協会に申請し、９と０１で「クレイ」と読む語呂合わせから９月１日を『ねんどの日』に制定。
2013年からNHK Eテレ「ニャンちゅうワールド放送局」でおねんどお姉さんとして出演。
2016年から越後製菓㈱の鏡餅の干支のキャラクターをデザイン、監修。
2017年、国立西洋美術館で開催された「アルチンボルド展」で作品が展示される等、活動の幅を広げている。

★主なTV出演番組

「ニャンちゅうワールド放送局」（NHK Eテレ）
「それいけ！アンパンマンくらぶ」（BS日テレ）
「ポンキッキーズ21」（フジテレビ）
「こねこね〜んど」（CSキッズステーション）

★主な著書

『岡田ひとみのねんどでミニチュアクッキング』メディアファクトリー
『ねんドル岡田ひとみのねんどで食育！ミニチュアフード図鑑』ダイヤモンド社
『さんすうねんど』（プレNEO BOOKS）小学館
『ねんどでミニチュア　コースターに飾る季節の小物』主婦の友社
『ねんドルキャットひとミィのまほうレストラン』（作 いりやまさとし、ねんど制作 岡田ひとみ）学研プラス
ほか多数

▶公式HP「ひとみュータント」 http://www.radical-planet.com/hitomi/

モデル　あらいるるな
いいじまそら
“ねんドル”プロデュース　内田英一
（CHEESE）

カバーデザイン　森近恵子
（アルファ・デザイン）
撮影　菅沢健治
イラスト　井上ひいろ
（アルファ・デザイン）
編集　山縣敦子・中村由紀

ねんドル 岡田ひとみの はじめてのねんど

2013年2月20日　初版第1刷発行
2017年9月29日　初版第2刷発行

著　者　岡田ひとみ
発行人　鈴木雄善
発行所　鈴木出版株式会社
東京都文京区本駒込6-4-21　〒113-0021
TEL. 03-3945-6611　FAX. 03-3945-6616
◆ http://www.suzuki-syuppan.co.jp/
振替　00110-0-34090
印刷所　図書印刷株式会社

ISBN978-4-7902-7235-9　C2037